「超」集中法
成功するのは2割を制する人

野口悠紀雄

JN262813

講談社現代新書
2332

はじめに

本書で述べるのは、「さまざまなことに『コア』と呼びうるものがあり、努力をそこに集中すべきだ」ということです。

「コア」とは、「核」という意味です。コア機能、コア商品、コアメンバーなどというように使われます。

全体の中でコアが占める比率は量的には2割程度であることが多く、他方で、「コア」によって全体の成果や価値の8割程度が生み出される場合が多いのです。このことは、「2：8法則」と呼ばれます。

したがって、努力をコアに集中させれば、仕事の効率は飛躍的に高まります。これを意識するかどうかで、結果に大きな違いが生じるのです。

「コアの見つけ方」こそがノウハウ

ところで、以上のことは、昔から知られていました。実際、「2：8法則」という言葉を知らなくとも、多くの商店は、店舗に売れ筋の商品を置こうとします。また、ダイレクトメールを出すなら、コアの顧客を中心に出します。「重要なものを重点的に扱う」というのは、いわば当然のことなのです。

では、なぜいま2：8法則についての本が必要なのでしょうか？

それは、これまで2：8法則について述べた本は、つぎの2つの問題に対して答えを提供していないからです。

（1）コアは、どうすれば見出すことができるのか？

（2）コアが変化したとき、どのように対応したらよいのか？

「コアに集中せよ」というアドバイスを実行するために、これらの問題に対する答えが必要なことは明らかです。したがって、これらに対して意味のある答えを提示しなければ、有効なノウハウにはなりません。世の中には、ノウハウになっていない「疑似ノウハウ」が多いのですが、右の問いに答えを与えずに「2：8法則に従え」とだけいうのも、その例です。

ノウハウとなるための最も重要な部分が欠落しているため、データによってコアを発見しやすい品質管理などの分野を除くと、2：8法則が実際に活用される例はそれほど多くありませんでした。
この問題に対して解を与えようというのが、本書の目的です。

「コア」を見出す具体的方法

いくつかの対象に関しては、方法を工夫することでコアを見出すことができます。

まず、日々の仕事で用いる書類や資料などについては、これが可能です。1993年に刊行した『「超」整理法——情報検索と発想の新システム』（中公新書、中央公論社）で提案した「押し出しファイリング」は、そのための具体的な方法です。これは、「仕事で使う資料の大部分は、最近使ったもの」という法則を利用して、仕事の内容が変化してゆく中で、コアに当たる書類や資料を自動的に見出してゆく仕組みです。これについては、第3章で述べます。

コアが誰にとっても同じであり、しかも変化しない分野もあります。その典型が、勉強や試験です。したがって、勉強（とくに試験のための勉強）は、2：8法則を容易に適用できる対象なのです。1995年に刊行した『「超」勉強法』（講談社）で述べた中心的なメッセージは、このことです。本書の第4章では、勉強のコアを見出すための具体的な方法を述べます。

2：8法則はビジネスにとっても大変重要です。しかし、実際に応用するのは、簡単ではありません。第5章で述べるように、コアを見つけるのが容易でなく、しかもコアが変化してしまうからです。

ビジネスの歴史を見ると、コアを見誤ったり、コアが変化したときに対応できなかった例が数多く見られます。日本が「失われた20年」と言われる状態から脱却できないのは、世界経済の状況が大きく変化し、ビジネスのコアが大きく変わったにもかかわらず、日本企業がそれに対応できていないからです。

この状況を変えるには、一つにはデータの活用が必要です。この10年程度の間に、企業が利用できるデータの量と質が大きく変化しました。「ビッグデータ」と呼ばれるデータを活用して、変化するビジネスのコアを捉えようとする努力が進められています。ただし、ビッグデータとコンピュータの計算だけで問題のすべてが解決できるわけではありません。経営者の判断が、ますます重要になっています。

ブラック・スワンやロングテールは2：8法則の否定ではない

「2：8法則が重要」という指摘の基礎にあるのは、「世の中には『べき乗則』に従う現象が多い」という認識です。これについて、第6章で説明します。われわれは、無意識のうちに、現象が一様分布や正規分布に従うと考えてしまうのですが、現実の世界はもっと「偏っている」のです。そうした世界においては、「パレートの法則」とか「ジップの法則」、あるいは「ランクサイズ・ルール」といった法則が成立します。「2：8法則を意識せよ」という本書のアドバイスは、抽象的に言えば、「世界を支配しているのは、一様分布や正規分布ではなく、『べき乗則』であると意識せよ」「世界観をそのように変えよ」ということです。

べき乗則に従う現象について問題となるのは、「コアに属さないものを無視してよいか？」ということです。この問題に関して、「ブラック・スワン」や「ロングテール」という指摘が注目を集めるようになりました。そこで提起された議論は、2：8法則を否定するものなのでしょうか？　一部の文献には、「2：8法則はもう古い。いまやブラック・スワンやロングテールの時代だ」という主張も見受けられます。

これに対して、第7章で述べる本書の基本的な考えは、つぎのことです。

まず、2：8法則もブラック・スワンもロングテールも、「べき乗則が支配的」という認識に立っており、その意味で共通の世界観を持っています。したがって、ブラック・スワンやロングテールの指摘は、2：8法則を否定するものではありません。ブラック・スワンの議論のポイントは、「まれにしか起こらない現象の確率を定量的に評価できない」

ということです。また、ロングテールを活用するビジネスは、ごく特殊な条件の下でしか実現できません。

本書の最初のドラフトは、約20年前に書きました。しかし、完成稿まで辿り着けず、埋もれたままになっていました。これを掘り起こすきっかけになったのは、講談社現代新書編集の高月順一氏のご示唆です。刊行に際しても同氏にお世話になりました。御礼申し上げます。また、20年前の作業時にお世話いただいた元講談社学術図書第二出版部部長細谷勉氏にも御礼申し上げます。

20年遅れた完成となったため、その当時にはあまり議論されていなかったブラック・スワンやロングテールの議論を正面から取り上げることができました。これは、「怪我の功名」と言えるかもしれません。

２０１５年8月
野口悠紀雄

目　次

第１章

２割に集中する人が成功する

世の中のさまざまな現象は、偏って分布しています。成功するのは、その法則を利用し、コア（重要部分）を見出して、そこに努力を集中する人たちです。

◇◇◇◇◇

1　仕事の能率が4倍になる

2割の部品の故障が8割を占める

世の中の現象に偏りがあることの具体的な例として、昔から知られていたのは、自動車部品の故障頻度です。

自動車は多数の部品からできていますが、すべての部品が同じような頻度で故障するわけではありません。よく故障するのは一部の部品であり、それらの故障が総故障件数の大半を占めます。実際には、全体の中で2割程度の部品が総故障件数の8割程度になる場合が多いと言われます。この2割の部品が、故障についての「コア部品」です。

この状況が図表1－1に示してあります。簡単化のため、部品は10個あるものとし、それらに1から10までの番号を振ります。横軸には部品を番号順に並べてあります。縦軸

図表1−1　部品故障件数の分布（仮想例）

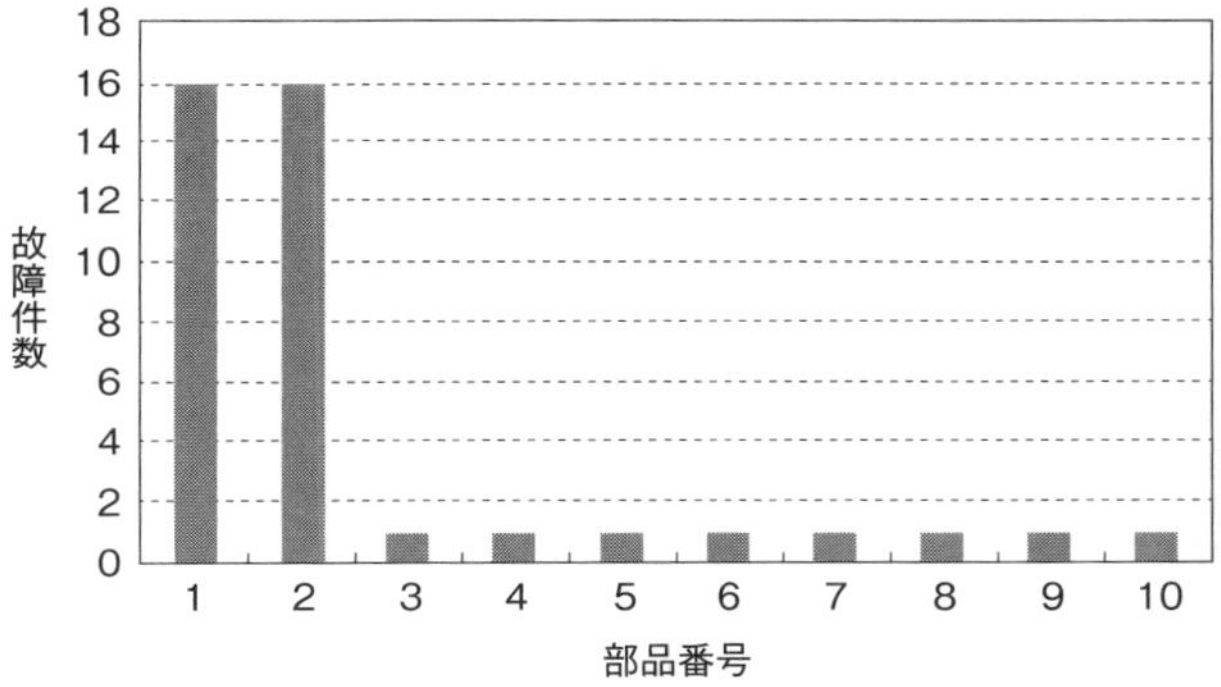

は、一定期間内の故障件数です。部品1と2の故障件数はそれぞれ16件。部品3から10は1件ずつです。したがって、この場合には、総故障40件のうちの32件、つまり8割は、コア部品である部品1と2によって引き起こされることになります。

この場合、修理工場は、1から10までの部品を同じように準備するのでなく、コアである部品1と2を重点的に備えるべきです。そうすることによって、より多くの故障に対応することができます。いまの数値例では、「コア部品を備えることによって、対応できる故障件数が平均して4倍になる」ことを、計算によって示すことができます（本章末の補論1参照）。

別の数値例の場合にも、どれだけ効率が上昇するかを計算することができます。例えば、部品1の故障件数が36、部品2〜10はそれぞれ1であるとすれば、全体の中で1割の部品が、故障件数の8割を占めることになります。そして、部品1がコアであることを知っていれば、対応可能故障件数が8倍になります。

ここで述べたのは説明のための仮想数値例ですが、実際の部品故障も、これと似た分布を示すことが知られています。

そして、こうした傾向は、自動車部品の故障だけでなく、さまざまな現象に見られることが分かってきました。

数の上では2割のものが、重要度では8割を占めるのです。このことを、本書では「2：8法則」と呼ぶことにします。この法則は、品質管理の分野では重要な法則として意識され、品質管理の成績をあげるために積極的に活用されるようになりました。

2割を制する者は8割を制し、8割を制する者は天下を制する

ここで、自動車修理工場の立場に立ち、「部品を何個備えたらよいか？」という問題を考えてみましょう。

最初に、備えられる部品数は1個だけの場合を考えます。コア部品が1と2であることを知っているとすれば、1か2を備えるでしょう。どちらであっても、16/40＝40％の確率で故障に対処することができます。

つぎに、備える部品数を2個にした場合を考えます。この場合は、1と2を備えることになるでしょう。そして、32/40＝80％の確率で故障に対処することができます。

では、備える部品数を3個にできる場合はどうでしょうか？　この場合に、例えば、部品1と2と3を備えることにしましょう。この場合に故障に対処できる確率は、33/40＝82.5％になります。2個の場合よりも確率が高くなることは事実なのですが、1個を2個にした場合のような改善率ではありません。経済学で知られているように、さまざまな場合に「限界収益逓減の法則」が観測されますが、これもその一例です。

ところで、備える部品数を増やすには、コストがかかります。したがって、コストとの見合いで、対処可能確率の向上を評価しなければなりません。

この結果は、もちろん、場合によって違うでしょう。実際には、部品数を1個から2個に増やすのは正当化できるけれども、2個から3個以上に増やすのは正当化できない場合が多いのではないでしょうか？　つまり、「8割の故障に対応できれば、それで十分。それ以上を求めるのは、コストとの見合いで引き合わない」という場合が多いのです。

「黄河を制する者は中原を制し、中原を制する者は天下を制する」という中国の故事に倣えば、「2割を制する者は8割を制し、8割を制する者は天下を制する」ということになるでしょう。

ません。

大組織では、「取り落としがないよう」という誤った指示がなされる

しかし、「8割で十分」というこのアドバイスは、一般には必ずしも受け入れられていません。

もう一度、故障部品の例に戻ってみましょう。部品1と2を備えたとしても、完璧ではありません。部品3～10が故障した場合には対応できないわけで、「取り落とし」があるのです。大企業などでは、こうした「取り落とし」に敏感な上司がいます。そして、「取り落としのないよう、すべての部品を備えよ」との指示が下ってくるでしょう。

しかし、この指示は、「備える部品数を増やすにはコストがかかる」という事実を無視したものです。ですから、会社全体の見地から見て、望ましいものとは言えない場合が多いでしょう。

「取り落としがないよう」と指示した上司は、1、2以外の部品が故障した場合の「言い訳」を考えているのです。「取り落としがないよう」と指示しておけば、仮に1、2以外の部品が故障しても「あのときそう言ったではないか」と弁明することができます。他方で、備える部品数を増やすことによって生じるコスト増を批判されることは、まずありません。

図表1−2　商品の売り上げ

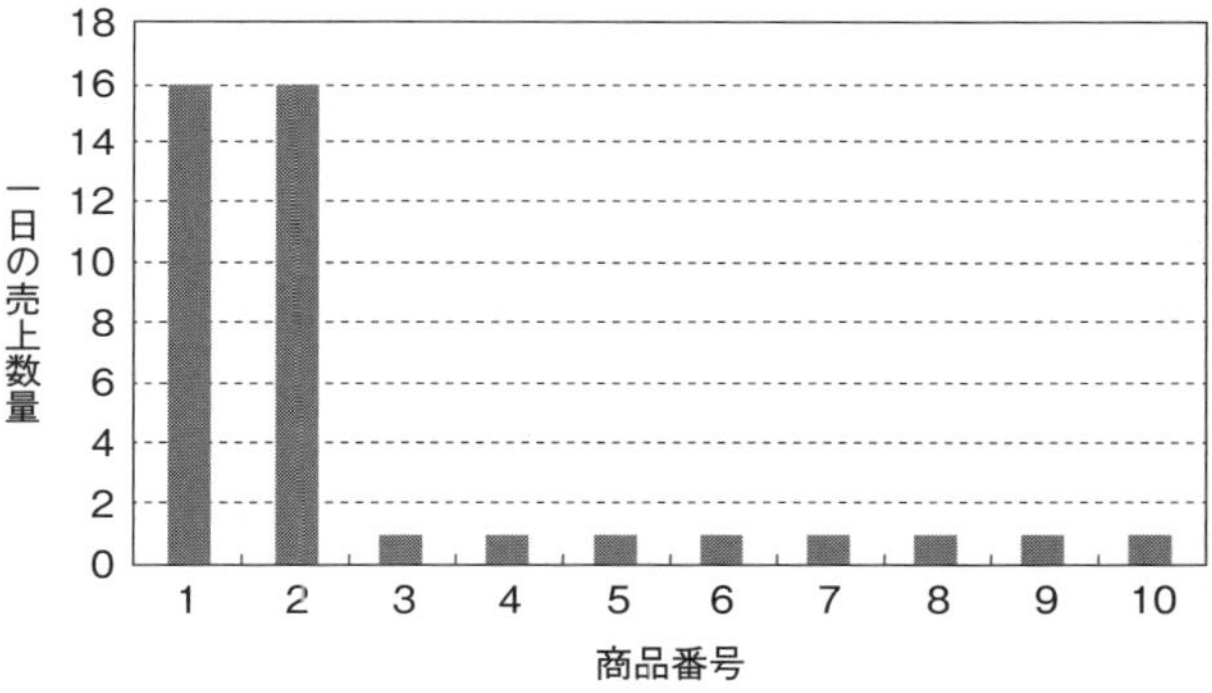

第2章で述べるように、日本の大組織には、こうした「言い訳優先人間」がはびこっています。そして、そうした人々が企業の収益性を低下させているのです。

コア商品を知ると売り上げは何倍になるか？

いま一つの例として、商品の売上分布の問題を考えてみましょう。

商品ごとの一日の売上数量分布が図表1−2のようになっていたとしましょう（これは、図表1−1の横軸を「商品番号」、縦軸を「一日の売上数量」にそれぞれ入れ替えたものです）。各商品の売上単価が同じであるとすれば、これは売上額の分布にもなっています。その場合、コア商品＝売れ筋商品に集中することで、どの程度の売り上げ増を期待できるでしょうか？

まず、売れ筋商品は商品1か2であることを知っていたとしましょう。店頭に並べられる商品は1種類に限られるとすれば、毎日1か2を店頭に並べるでしょう。その場合、10日間の売り上げは、16×10＝160個になります。

では、どれが売れ筋かが分からない場合には、どうでしょうか？　この場合、1日目は商品1、2日目は商品2、3日目は商品3、……10日目は商品10と展示することとしましょう。この場合の売り上げは、第1、2日目は16個ずつ、第3日から第10日までは毎日1個ずつですから、10日間での合計は40になります。

つまり、どれが売れ筋かを知っており、それに応じた対応をすれば、売り上げを4倍（＝160/40）にすることができるのです（本章末の補論2参照）。

成果は努力に比例しない

いま一度繰り返しましょう。世の中では、「重要なのは2割程度であり、それで全体の8割程度の効果が得られる」場合が多いのです。この「重要なもの」を、本書では「コア」と呼んでいます。コアに集中することによって、仕事の効率を飛躍的に向上させることができます（2割が8割の重要性を占める場合には、これまで数値例で示したように、効率を4倍にすることができます）。

「重要なもの、成果を左右するもの、全体の動向を決めるものは、全体の一部」「投入、原因、努力のわずかな部分が、産出、結果、報酬の大部分をもたらす」ということです。

逆に言えば、この法則を知らずに努力しても、焦点が合っていないわけで、十分な成果は得られません。努力すればそれに見合う報酬が得られるかといえば、必ずしもそうではないのです。間違ったところに努力を傾注しても効率は悪く、むやみに努力してもよい結果は得られません。

努力の方向を正しくすることによって、大きな努力をしなくても大きな結果を生み出すことができます。選択して集中することが必要なのです。

日本人には、「長い時間真面目に働くのがよい」と考えている人が多いように見受けられます。しかし、長い時間働くことではなく、価値のある重要な仕事に絞って、短い時間で大きな結果を生み出すことが重要なのです。こうした観点から、日常生活や仕事の習慣を見なおす必要があります。

さまざまな場合に2：8法則が成り立つ

以上で述べたこと以外にも、2：8法則が成り立つさまざまな例をあげることができます。

◇ある製品に対するクレームを品質別に順番に並べると、上位にくる約2割の品質に関するものが、すべてのクレームの約8割を占めると言われます。その場合、これら2割の品質が「コア品質」であるわけです。これらに対処すれば、クレームの8割をなくすことができます。

◇顧客のうち重要なのは2割程度で、その人たちの購入が売り上げの8割程度を占めると言われます。

◇時間管理もそうです。今日やるべきことを10件書き出してみましょう。このうち、優先順位の高い2件をまず処理します。すると、今日のやるべきことの8割は片づくことになる場合が多いのです。また、一日のうち約2割の時間が、8割程度の価値を生み出していると言われます。

◇交通事故が起こりやすい交差点と、そうでない交差点があります。仮に、ある町の交差点のうち2割の交差点での交通事故件数が全体の8割なら、その交差点での事故対策を重点的に行なうことにより、交通事故の8割をなくすことができます。

◇暴走族の8割が集まるのが全体の2割の路線であれば、取り締まりをその路線に集中することによって、暴走族の8割を減らすことができます（ただし、そのことが暴走族に知られてしまえば、彼らは別の地点に行ってしまうでしょう。このように、相手の反応がある場合には、事態は複雑になります）。

◇外国語も、旅行者であれば、少しの単語を知っているだけで、かなりの用は足せます。多くの人は、たくさんの単語や表現を覚えなければならないと思っています。それが大変なのでしり込みして何も勉強しない。ところが、行きの飛行機の中で覚えられるようなものだけでも勉強しておくと、大いに役立ちます。

◇スポーツにも、コツがあります。重要な勘所です。「ツボ」と言われるものも、同じなのでしょう。人間の身体には、ほんの少しの刺激によって全体が大きく変わるポイントが何百も存在していると言われます。

したがって、「コアに集中する」という方法論は、勉強や仕事、そして日常生活のさまざまな分野で応用できるものです。整理については第3章で、勉強については第4章で述べることとします。

2：8法則は、ビジネスにも応用できます。エクセレントカンパニーといわれる会社は、コアの事業分野に経営資源を集中しています。これについては、第5章で詳しく見ることとします。

世の中に「ハウツー」や「ノウハウ」とされる方法は、山ほどあります。しかし、単なる思いつきや、「たまたま私の場合に成功した」というようなものも多く見受けられます。そうした方法には汎用性がありません。

それに対して、右で述べたのは、「2：8法則」に基づく方法です。第6章で述べるように、「2：8法則」は、さまざまな事象について観測される普遍的なものです。したがって、「2割であるコアを見出し、それに努力を集中せよ」という方法論は、応用範囲が広く、かつ強力なものなのです。

なお、「2：8法則」と述べましたが、すべての場合について文字通り厳密に「2割で8割」ということではありません。「1割で9割」の場合もあるでしょうし、「3割で7割」の場合もあるでしょう。具体的な数字は、場合によって異なります。「重要なことは全体から見ればごく一部に含まれている。だから、その部分を最優先で扱え」ということです。

カエサル対ポンペイウスの決戦を制したのは2割の兵力

「2割を制すれば8割を制する」例を、歴史上の出来事から1つあげておきましょう。これは、古代ローマにおけるカエサルとポンペイウスのファルサロスにおける決戦です。

カエサルとポンペイウスは、クラッススとともに三頭政治体制を作ってローマ共和国を牛耳っていたのですが、寡頭支配を嫌う元老院派の策略によって2人は対立することとなり、ローマは内乱状態に陥りました。

数回の会戦の後に、両雄はファルサロスの野で対峙します。この会戦では、ポンペイウス軍が歩兵4万7000と騎兵7000で計5万4000の大兵力を擁して優勢。それに対するカエサル軍は歩兵2万2000と騎兵1000で計2万3000の兵力でしかなく、劣勢でした。

塩野七生『ローマ人の物語11』（新潮文庫）によれば、戦闘は次のように展開しました。戦況展開の鍵を握ったのは、両軍の騎兵の動きです。ポンペイウスは騎兵をカエサル軍の歩兵の背後に回り込ませ、これを全滅させる戦法を取ろうとします。これは、かつての名将アレクサンダーやハンニバルが取った作戦でした。

騎兵は数で言えば7000ですから、全体の兵力の13％ということになります。2割よりはやや少ない比率ですが、歩兵と騎兵の強さを考慮すれば、2割くらいと考えてよいでしょう。つまり、全体の約2割の兵力で戦線の帰趨《きすう》を決めようとしたのです。

ところがカエサルはそれを予期し、対抗策を準備しました。それは、騎兵1000と歩兵400の集団が、ポンペイウスの騎兵に当たると見せかけてかわし、ポンペイウスの騎兵が突入した前面に、2000の最強力兵士が立ちふさがるという戦法です。

カエサルは、2000の兵士たちに、「どんなことがあっても絶対に後退するな」と厳命していました。そして、実際に、ポンペイウスの騎兵は、ここで阻まれたのです。

そこに、一度は退いた騎兵1000と歩兵400が後ろから回り込む。こうして、合計3400(カエサル軍全体の15%)の兵力が、ポンペイウスの騎兵7000を挟む隊形になりました。

騎兵というのは、広い空間においてこそ、威力を発揮できる兵力です。前後から挟まれて空間を狭められると、持ち前の機動力を発揮できなくなります。そのため、ポンペイウスの虎の子の7000の騎兵は非戦力化されてしまったのです。

そして、ここで戦況の大勢が決しました。もちろん、その他の局面での戦いもありますから、全体の戦況の8割程度が決まったと言ってよいでしょう。

結果は、カエサルの大勝利に終わりました。ポンペイウス側は、戦死6000、捕虜2

400。それに対して、カエサル側は、戦死0。ポンペイウスは小さな船で家族とともにエジプトに逃亡を試みたのですが、上陸しようとしたところをかつての部下の手で殺されました。

その後の戦闘でポンペイウスの残党を一掃したカエサルは、ローマに戻って終身執政官につきます。これは、事実上の独裁者です。そして、カエサル暗殺と内戦を経て、アウグストゥス初代皇帝によってローマ帝国が建設されることとなります。

そうした歴史の大きな流れの帰趨を決める会戦が2：8法則に支配されていたというのは、興味深いことではありませんか。これは歴史上の一コマの出来事にすぎませんが、似たような会戦の例は、他にもたくさんあるはずです。

2　2：8法則は日常生活でも重要

仕事した総時間のコアは2割

2：8法則は、古代ローマにおける戦闘のような壮大な出来事だけでなく、われわれの日常生活をも支配しています。したがって、2：8法則を意識し、2割に集中することによって、仕事の能率は飛躍的に向上します。

まずそれは、時間の使い方について言えます。多くの作業について、コアとなる仕事時間は、その仕事に使っている総時間の2割くらいなのです。

このことは、本書を書く過程においては、極端な形で表れました。序文で述べたように、本書のもととなったドラフトは、20年くらい前に書いたものです。その後も思い出したように書き足すことはあったのですが、集中的に作業したのは最後の半年間程度のことで、総時間の2％程度でしかありません。その中でも数週間がコアでした。

その期間は、他の仕事をできるだけ排除し、本書の作業に集中しました。集中が必要なのは、人間の脳の能力が低く、さまざまな仕事を同時並行的に進められないからです。複数の作業を同時並行的に進めると、考えが分散してしまうのです。

しかし、一つのことだけで頭が一杯になっていれば、全体との関連でさまざまなアイディアが湧いてきます。こうした状態を実現するには、文字通り朝から晩までその仕事に集中していなければなりません（多分、寝ている間も無意識に考え続けているのだろうと思います）。

ですから、本を書くためには、いかにして数週間程度の集中期間を作り出せるかが問題なのです。社会的生活をしている以上、他の仕事を一切排除するのは至難の業です。しかし、本を書くという作業のためには、どうしても必要なことです。

2割の本で8割

あなたが読書家なら、たくさんの本を持っているでしょう。しかし、それらのうち、よく読む本は、2割くらいでしょう。それらについては、何度も繰り返し読むことも多いでしょうから、読書の総量(あるいは読書に充てた総時間)でみれば、2割の本が8割くらいを占めているはずです。つまり、これらがあなたの蔵書中の「コア」なのです(ただし、長期的にみれば、対象は徐々にシフトするでしょう)。

ところで、「コアを大事に扱え」という原則からすると、コアを容易に見出せるように書籍を収納しておくことが必要です。

しかし、実際にはそうなっていない場合が多いでしょう。書棚に秩序正しく収納されているのは、あまり読まない「ノンコア」であり、コアに当たる本は机の上に山積みだったり、床に置かれたりしていて、必要な本をすぐには見出せないようになっている場合が多いはずです。

このことは、本に限りません。あなたが音楽ファンや映画ファンなら、きっとたくさんのCDやDVD、ブルーレイディスク、ディジタル音源ファイルなどを持っているでしょう。しかし、あなたは、それらのすべてを同じ頻度で聴いたり見たりするでしょうか？普段聴くのは、それらの中の一部でしょう。多分、全体の2割くらいではないでしょうか？　そして、それらについては何度も何度も見たり聴いたりしているはずなので、鑑賞時間でみれば、それらが大部分を占めるでしょう。多分、8割より多いでしょう。

しかし、本と同じように、きちんと整理されているのはノンコアであり、頻繁に見たり聴いたりする「コア」は、乱雑に置かれているのではないでしょうか？

道具もそうでしょうし、文房具もそうでしょう。コアを取り出しやすいように収納すべきなのですが、そうなっていないことが多いのです。

捜し物をしていて、「余計なものがこんなにきちんと整理されているのに、どうしてよりによって必要なものが見つからないのか」と、しばしば思います。これは、整理について2：8法則を適用するのが難しいことを示しています。部屋を掃除し整理したつもりでも、整理された大部分は、使わないものなのです。その半面で、頻繁に使うものが適切に処理されていません。この問題については、第3章で論じることにします。

本の2割に8割の内容

「蔵書のうちよく読むのは2割くらい」と言いましたが、実は、ある1冊の本でも、全部読むとは限りません。通常は、そのうちの一部しか読んでいません。

私は、仕事の参考のため、かなり大量の本や文献に目を通す必要があります。しかし、関連する文献の最初から最後までを丹念に読んでいるわけではないのです。そうしたいのはやまやまですが、とてもそれだけの時間が取れません。

実際には、つぎのようなことになります。ある事柄を調べたいとき、それに関する参考文献が10冊あるとします。それらをすべて読む必要はありません。その中で優れたものを、2冊読めばよいのです。それで、問題の8割程度は理解できます。参考文献にはだいたい同じ内容のことが書いてあるので、これは当然とも言えるでしょう。

1冊の本だけを取り上げても、重要な部分は一部です。ページ数で言えば2割程度でしょう。そこをたんねんに読めば、8割は読んだことになります。[注1] だから、本のすべてを一様に読む必要はないのです。

新聞の場合には、「(多くとも) 2割読めばよい」という法則は、確実に成立します。す

注1　執筆者の立場から言うと、コアになる部分ができれば、分量では2割ですが、実質的には8割くらいできたことになります。なお、ここで述べているのは、仕事の参考文献のことです。小説については、「コアさえ読めばよい」とは言えません。つまらないところがあるので全体が生きるのです。これについては、第7章の3で述べます。

べてのページを隅から隅まで読むのは、非効率です。「購読料を払ったのだから全部読まないと損だ」などと考えてはいけません。役に立たない記事を読む時間のコストのほうが、購読料よりはるかに高いでしょう。一般紙にさまざまな記事が出ているのは、読者の範囲を広げ、コストを下げるためなのです。

では、本書も2割読めばよいと言えるでしょうか？　これは、誠に難しい質問と言わざるを得ません。

スマートフォンを使い切る必要はない

2：8法則は、PC（パソコン）やスマートフォンなどの利用学習にはとくに重要なことです。

PCやスマートフォンはさまざまな機能を持っています。しかし、それらのすべてが同じように重要なわけではありません。重要な機能は、そのうちの一部でしかないのです。ですから、機能のすべてを使い切る必要はありません。機械ができることであっても、使う必要がないものは多いのです。

PCについて言えば、私の場合、日常的に使うのは、ワープロ（テキストエディタ）とインターネット、それに表計算程度のものです。これら3機能は、PCの全機能のうちでは

2割にもならないでしょう。しかし、私の場合の使用頻度では、それがほぼ8割になります。これらをマスターすれば、PCの機能の8割を使ったことになります。

PCやスマートフォンに初めて接した人が恐怖心を持つのは、機能があまりに多くて、すべてを習熟できないと思うからでしょう。しかし、すべてをマスターする必要はないのです。それより、頻繁に使う操作や機能に慣れるほうが重要です。

ソフトの機能を覚える際にも、同じことが言えます。重要な2割の機能を習得してしまえば、実際に使用する機能の8割をカバーできます。

ワープロだけを取り出しても、さまざまな操作が可能です。しかし、それらを全部習得する必要はありません。まずは、文章を入力し、修正し、保存するという操作だけができればよいでしょう。

Excel（エクセル）という表計算ソフトには、実にさまざまな機能があります。しかし、そのうちよく使う機能は一部です。全体の2割程度ではないでしょうか。

PCやスマートフォンを使いこなすとは、あらゆる機能をマスターすることではありません。重要な機能に絞って習熟することなのです。

それにもかかわらず、解説書の多くは、仕事の内容とは無関係に、機能をどう使うのかを説明しています。そして、「PCの能力を最大限に引き出そう」とか「120％使おう」

などと言うのです。しかし、これは本末転倒です。「PCやスマートフォンを使い切ろうとは思わないこと」これは、2：8法則からの重要なアドバイスです。

文章は削りまくれ

文章を書くときに、あまりいろいろなことを盛り込むと、論旨がはっきりしなくなります。明晰な文章を書くには、「いかに切り捨てるか」が重要です。「いかに盛り込むか」ではありません。

「あれもこれも」と網羅しようとすると、論旨も主張もはっきりしなくなります。余計なものが残るために、論理がおかしくなるのです。また、読者の注意が横にそれてしまい、全体としての意味を捉えにくくなります。

重要なものが何かを見出し、それに集中しなければなりません。2：8法則は、文章執筆ではとくに重要な原則です。枝葉をとり、幹を見せることが必要です。論述として伝えたい主要テーマをつねに意識し、それを間違いなく、そして印象的に伝えることに専念しなければなりません。読みやすい文章を書く秘訣は、「捨てる」ことなのです。

「これ以上削ったらまったく意味がとれなくなるか？」と考えてみましょう。そうでなければ、削りましょう。余計な修飾語も、余計な注記も。そして、余計な文も。多くの文章読本は、「削って削って、削りまくれ」と述べていますが、これは、正しいアドバイスです。削りまくった結果何も残らないとしたら、「メッセージがない」証拠です。

しかし、実際には、「ここに書かれている以外のことがあるのを忘れている」「最新の理論を無視している」といった意地悪批評が気になるので、「それは知っている」と言いたくなります。専門家の目を意識すると、どうしてもそうなります。しかし、そうした考えは捨てるべきです。

世界は複雑です。だからといって、「この世にはいろいろなことがある」では、人に伝える価値のある論述にはなりません。すべてをカバーしようとする人は、結局何もカバーできないのです。

文章を書く作業は、見たまま、感じたままを書くことではないのです。その中から書くに値するものを抽出することです。見たこと、感じたこと、考えていることの大部分を切り捨て、書くに値するもの（コア）を抽出する作業なのです。

3　2：8法則の応用で生じる4つの問題

どうやって「コア」を見出すか？

「力を分散させるのでなく、重要なことに集中せよ」と述べました。これは、ある意味では当然のことです。

ところが、実際にそれを行なおうとすると、そう簡単ではないことが分かります。まず第一に、「コアである2割が何であるか」は、必ずしも自明ではありません。「どうやってコアを見出すか？」という問題が、実際には重要なのです。

PCのキーは、重要なものが大きくなっています（エンター〔リターン〕キー、スペースキー、シフトキー）。だから、コアのキーが何であるかは、すぐに分かります。しかし、あなたの部下は、皆同じような顔つきをしています。それにもかかわらず、重要度には差があるのです。

本章の1であげた例で、売れ筋が分かれば4倍の売り上げを実現できると述べました。しかし、どの商品が売れ筋かは、必ずしも明らかではありません。

つまり、「コア」は、すぐに見分けられるとは限らないのです。それを見分けることが、仕事の能率をあげる上で非常に重要な意味を持っています。

例えば、勉強では、コアの部分を集中して学ぶべきです。しかし、そのためには、「何がコアか?」を知る必要があります。ビジネスの場合、「選択と集中が必要」とよく言われます。しかし、何を選択し、どこに集中するのか? それを誤れば、「的外れ」になってしまいます。

第6章で見るように、2：8法則は、さまざまな社会現象や自然現象について見られるものです。しかし、実際にはそれほど使われているわけではありません。それは、「何が2割なのか?」が分からない場合が多いからです。どうやってコアを探し出すのかが分からないと、実際には使えません。

「重要なものに集中せよ」というのは、逆に言うと、「重要でないものは捨てよ」ということです。これも、ある意味では当然のことです。しかし、実際には、「何が不要か?」を判別するのは、それほど容易なことではありません。ですから、「要らないものを捨てよ」というのは、往々にしてトートロジー(同語反復)にすぎず、ノウハウになっていないのです。

整理法に関する本は山ほどありますが、それらのほとんどは、「要らないものを捨てよ」

という当たり前のことを言うだけで、「要らないものをどうやって識別するか？」という方法論を示していません。このような「ノウハウを示していないノウハウ書」が世の中に氾濫していることに対して、私は怒りに近い感情を持っています。2：8法則について書かれた本は、いくつもあります。それらを読んで私が不満に思うのは、「どのようにしてコアである2割を見出すか？」に対する答えを与えていないことです。

要点を押さえることがうまい人も、多くの場合は、直感で行なっています。「なぜそこが重要と分かったのか」と問われても、適切に答えられない場合が多いでしょう。実際には、長年の経験を通じて見つけ出されたり、偶然に見つかるものが多いのでしょう。

しかし、だからといって、一般的に使える方法論がまったくないわけでもありません。一定のルールを示すことはできます。この問題については、第3～5章で考えることとします。

変化する「2割」にどう対応するか？

2：8法則を応用するときに生じる第2の問題は、コアが固定的とは限らないことです。勉強の場合のコアはほぼ固定的ですが、ビジネスのコアは、往々にして、非常に大きく変化します。

これが、勉強とビジネスの最大の違いです。受験秀才が実社会で必ずしも成功しない最大の理由は、この点に関して勉強と仕事とが決定的に違うことを認識できていないことにあります。

ビジネスでの多くの失敗は、過去の成功体験でビジネスモデルが固定化されてしまい、そこから脱却できないことから生じます。

日本の多くの企業が、高度成長期における成功の体験記憶から抜け出せず、その後に世界経済の条件が大きく変化したことに対応できていません。変化に気付かない。あるいは気付いたとしても、何らかの理由で変えられないのです。

変化をキャッチし、それに柔軟に対応できるシステムを作り上げることが必要です。この問題は、第5章で考えることとします。

分かっていても実行できない場合にどうするか?

コアが何か分かっており、それに集中すべきだと分かっていても、実行できない場合があります。これが第3の問題です。

個人の日常生活で言えば、ゴミであり不用品であると分かっていても、愛着があって捨てられないものは、たくさんあります。

企業であれば、不採算事業と分かっていても、切り捨てられないケースが多々あります。せっかく巨額の投資をしたのだからという理由で、不採算工場を閉鎖できない。あるいは、生産性が低いお荷物従業員と分かっていても、整理できない。だから過剰設備や過剰従業員を抱えることになります。

官僚組織や大企業が抱える問題の本質は、コアに集中できないことです。政治システムは平等化を求めます。重要な部分に集中すると批判を受けることが多いのです。能率を上げることより、「言い訳」を準備して保身することが重要と考えられているのです。こうした状況を改善するには、リーダーの役割が本質的な意味を持ちます。本書の第2章では、これについて考えます。

コアではない8割は無視してよいのか?

第4の問題は、「コアではない8割を無視してよいのか?」ということです。

原発事故のように、非常にまれにしか起こらないが、起こると大きな被害をもたらすものがあります。また、売れ筋商品でなくとも、特定の顧客は強い需要を持っているものがあります。

こうしたものをどう扱えばよいのでしょうか?

まず注意して頂きたいのは、「2：8法則は、重要でないものを省略してよい、捨ててよい、と言っているのではない」ということです。「重要度に応じた扱いをしているか？していなければ、間違いだ」と指摘しているのです。

例えば、「日本人の8割の人の身長は、150センチから180センチの間にあるから、そのサイズの衣服だけを作ればよい」とか、「日本の一年間の8割の日の平均気温は10度から25度の間にあるから、住居の設計などは、それに対応すればよい」などと言っているのではありません。

前者について言えば、この範囲に入らない2割の人々の衣服需要はあるのですから、それに対応すべきことは当然です。

後者には、重要性の指標がありません。非常に暑い日があって、それに対処する重要度が高ければ、そうすべきです。兼好法師は『徒然草』の中で、「家の作りやうは、夏をむねとすべし」と言っています（第五十五段）。なぜなら、「冬はいかなる所にも住まる。暑き比《ころ》わろき住居は、堪へ難き事なり」。まったくそのとおりで、これはいかに冷房技術が進歩した現代でも通用する真理です。

また、「起こる確率は非常に低いが、いったん起こると重大な結果をもたらす」という事象もあります、大規模地震や原発事故などがそれに当たります。また、売れ筋でない商品であっても、合計すれば大きな金額になる、という場合もあります。それらの中には、急成長して将来の主流になるものもあります。こうした問題については、第7章で考えることとします。

第1章のまとめ

1．「2割を制すれば8割を制する」。

これほど応用範囲が広く、簡単で強力な法則は、他にありません。2：8法則を無視して努力しても、十分な成果は得られません。

2．以上が基本ですが、現実には、つぎの点が重要です。

（1）どうやってコアである2割を見出すのか？

（2）コアは不変と考えてよいか？　変わったらどうするか？

（3）官僚組織や大企業はコアに集中できない場合が多いが、これにどう対処したらよいのか？

（4）ノンコアである8割は捨ててもよいのか？

補論1　最初に、備えることができる部品は1個である場合を考えましょう。コア部品が1と2であると分かっている場合には、1か2を備えるでしょう。どちらの場合であっても、故障に対応できる確率は16/40=0.4です。したがって、総故障件数が本文のように40件の場合には、40×0.4=16件の故障に対応できます。

コア部品がどれかが分からない場合はどうでしょうか？　この場合には、1〜10の部品のどれかをランダムに選ぶこととしましょう。1か2が選ばれる確率はそれぞれ0・1で、それぞれの場合に故障に対応できる確率は0・4です。そして、3、4、……10のいずれかが選ばれる確率はそれぞれ0・1で、それぞれの場合に故障に対応できる確率は1/40=0.025です。したがって、ランダムに選ぶ場合に故障に対応できる確率は、(2×0.1×0.4)+(8×0.1×0.025) = 0.1となります。総故障件数が40件の場合には、40×0.1=4件の故障に対応できます。

つまり、どれがコア部品であるかを知っていれば、故障に対応できる確率は4倍になります。コア部品の故障件数はそうでない部品の故障件数の16倍あるのですが、ランダムに備える場合にはコア部品も含まれることになるので、対応可能確率は、コア部品が何かを知っている場合の16分の1にはならないのです。

つぎに、備えることができる部品が2個である場合を考えましょう。ここで、各故障は独立に起こると仮定します(故障が「独立」とは、ある故障が他の故障の発生確率に影響しないことを指します)。コア部品が1と2であると分かっている場合には、1と1または1と2または2と2を備えます。故障に対応できる確率は、どの場合も0・8です。

どれがコアか分からずランダムに2個選ぶ場合について計算すると、故障に対応できる確率は0・2であることが分かります(計算過程は省略)。したがって、この場合にも、コアが分かっていれば、故障に対応できる確率が4倍になるのです。

補論2

つぎのように考えることもできます。

どれがコア商品か分からない場合、ある一日を考え、展示する商品をランダムに1個選んだとします。商品1か2が選ばれる確率は2/10で、どちらであっても16個売れます。また、商品3～10のいずれかが選ばれる確率は8/10で、どの商品が選ばれても1個売れます。したがって、売り上げの期待値は、(2/10)×16＋(8/10)×1＝4になります(「売り上げの期待値」とは、売り上げをその実現確率で重みづけて評価したもの)。

これに対して、1と2がコアと知っている場合には、これらを選ぶので売り上げは16。したがって4倍になります。

第2章

２：８法則を無視する人々

官庁や大組織には、2：8法則を無視する人が大勢います。なぜそうなるのでしょうか？　そして、事態を改善するには、どうしたらよいのでしょうか？

◇◇◇◇◇◇◇◇◇

1　2：8法則を意識していない人々

重要でないことに対処している

「重要なことに集中せよ」。第1章で述べたことを要約すれば、このようになります。これは、ごく当たり前のことだと思われるかもしれません。

しかし、実際には、このアドバイスは守られていないことが多いのです。それを確かめるために、あなたご自身の日常生活を振り返ってみてください。

今日やるべき仕事を列挙したとき、あなたはどれから着手するでしょうか？

2：8法則からすれば、重要なものから取りかかるべきです。しかし、あなたはそうしているでしょうか？

多くの人は、片づけやすいことから着手します。そうすると、何件も処理できて、いかにも仕事が進捗《しんちょく》した気持ちになるのです。しかし、これは錯覚にすぎません。本当に重要なことは処理されていないからです。

こうして、「重要だけれども簡単には処理できない案件」は、先送りされます。そして、将来においてもさらに先送りされます。そして、結局のところ、解決されないままに放置されてしまうのです。これは、誠に本末転倒の状態ですが、実際にはそうなることが多いのです。

このことを「時間の使い方」という側面から見れば、「本当は重要案件の処理に時間を費やすべきであるにもかかわらず、些細《ささい》な案件に多くの時間を使っている」ということになります。

そのようにして一日を忙しく過ごせば、たくさん仕事をやったような錯覚に陥ります。手帳を予定でびっしりと埋め、一日中つぎからつぎへと会議をこなし、大勢の人に面会すると、あたかも自分が重要人物になったような錯覚に陥り、満足してしまうのです。

部屋の片づけに関しても、同様のことが言えます。現在使用中のものを適切に収納するのは、あまり簡単ではありません。それに対して、現在使っていないものを収納するのは簡単です。この結果、「片づけられ整理されたものは使っていないものであり、現在使っているものは放置されて、どこにいったか分からない」といったことになります。

多くの場合において、現在使っているものはコアであり、使っていないものはノンコアです。したがって、ノンコアが対処される半面で、コアが対処されないこととなります。つまり、2：8法則の要請とはまったく逆の結果になるのです。この問題をどう解決すべきかは、第3章で考えることとします。

右に述べたのは個人の日常生活のことですが、同じ問題を組織も持っています。私は、鉄道のアナウンスで、このことを頻繁に感じます。

人身事故などで、電車のダイヤが乱れることがよくあります。その時の駅や車内のアナウンスは、重要な事項を確実に伝えてほしいものです。多くの人が最も知りたいのは、「いつごろ復旧するのか？」でしょう。

ところが、多くの場合、アナウンスは、事故の詳細を伝えようとします。「どの線のどの駅で何時ごろ警報装置が作動したので、線路の状況を検査中」というような内容です。電車の運行主体としては、これらは確かに重要な情報でしょう。しかし、乗客にとってはさほど重要ではありません。「いつ復旧するか」という重要なことが分からないので、どう対応したらよいか分からず、途方に暮れることがあります。

とくに「数字」は、重要だし間違えやすいので、はっきりと、できれば繰り返して言ってほしいものです。ところが、それが聞こえないのです。復旧見込みについてアナウンスしていても、時刻がはっきりと聞き取れないことがよくあります。これに限らず、車内のアナウンスは、「揺れる」とか「吊革につかまれ」とか、言わずもがなのことははっきり聞こえる半面で、肝心なことが聞こえないケースが多々あります。

表示についてもそうです。最近では、駅ビルができ、商業施設が入っている駅が多くなりました。それらについての道案内は詳しいのですが、肝心の改札口がどこかが分かりません。初めての場所などで、探し回ることがよくあります。私は、あやうく乗り遅れそうになったこともあります。

億より万が重要？

予算編成にまつわる有名なエピソードがあります。ある官庁が5億円の予算を要求したところ、「時代の要請に沿ったプロジェクトであるにしては、はした金だ」ということで、簡単に通ってしまったのです。

しかし、別の官庁がほとんど同じ内容のプロジェクトを計画し、支出額をぎりぎりに切りつめて５００万円の要求をしたら、「とんでもない大金だ」ということになって、却下されてしまったというのです。

財務省の予算査定担当官にしてみれば、5億円は、他の要求との横並び比較でいえば、「はした金」だったのでしょう。ところが、500万円といわれたとたんに、他の予算との比較でなく、日常的支出との比較が頭をもたげてしまった。そこで、「こんな大金は」ということになったのです。

このエピソードは、官僚機構がことの大小の判断を的確にできないことを、端的に示しています。予算に限らず、官僚組織は一般的にことの軽重の判断ができません。

スタンリー・キューブリック監督の名作「ドクター・ストレンジラブ」[注1]（1964年）に、つぎのような場面があります。

北極上空をパトロール中のB52爆撃機が、誤ってソ連への水爆攻撃に発進してしまった。それを呼び戻す秘密連絡コードを見出した士官が、大統領に伝えようとする。しかし、基地内の公用電話回線は不通。そこで公衆電話で伝えようとするが、コインがない。電話機の傍らにコカ・コーラの自動販売機があるのに気付いた士官は、銃を持つ兵士に販売機を銃撃してコインを取り出してくれと頼む。しかし、兵士は、「コカ・コーラ社から訴えられたらどうするんです？」と言って応じないのです。

B52がこのまま進めば、ソ連に水爆を投下して、第3次世界大戦が始まってしまう。そして、人類は滅亡する。そのことと、コカ・コーラ社からの訴訟とどちらが重要なのか、この兵士は判断できないのです。この場面を見て笑ってしまうのは、現実にいかにもありそうな場面だからです。

「木を見て森を見ず」とは、昔からある批判です。しかし、組織においては、森だけを見て判断をしてはいけないのです。そうした判断は、「評論家的意見」として葬られます。自分の傍にある「木」のことだけを見ていなければいけないのです。大組織で仕事をした人であれば、組織内の状況がこうしたものであることを、よく知っているでしょう。

物理学や経済学では、重みづけが重要だと考えています。しかし、法律家の考え方では、往々にしてすべてが同じように重要だとされます。ここでは、2：8法則は意識されていません。官庁で優勢なのは、後者のほうの考え方です。

前線で「員数合わせ」に精を出す人々

官僚組織は、細部へのこだわりを強く持っています。どうでもよいこと、些細なことにこだわるのです。

注1　この映画の邦題は「博士の異常な愛情」ですが、これは明らかに誤訳です。「ストレンジラブ」というのがこの博士の名前なので、仮に日本語に訳すなら、「ストレンジラブ博士」とすべきでしょう（「アインシュタイン博士」を「一石博士」と訳さないように）。

山本七平『一下級将校の見た帝国陸軍』（文春文庫、１９８７年）に描かれた旧日本軍が、その典型です。フィリピンの最前線で米軍と対峙する日本軍は、員数合わせ（銃などの在庫と帳簿とのつじつま合わせ）に明け暮れています。米軍との戦闘は二の次です。

彼らにとって、米軍との戦いなど、あまりに大きすぎる問題なのです。戦闘に負けたからといって、自分が責任を追及されることはありません。しかし、銃の数が帳簿と食い違っていれば、責任を追及されます。だから、それに血道を上げるのです。日本軍が員数合わせという病に冒されていたこと、目を覆うばかりです。

「些細主義」は、いまでも健在です。とりわけ、地方公共団体ではそうです。念のため断っておきますが、公務員のすべてが些細主義に冒されているわけではありません。重要なことを重要と認識している人も、ときどきはいます。

また、私は「どんな場合にも官僚が柔軟であるほうがよい」といっているのでもありません。官僚の決定は、外部からみて透明で予測可能なものでなければなりません。そのために、恣意的な判断は（ゼロにはできないにしても）少ないほどよいのです。多くの場合において、官僚は杓子定規であることを求められています。問題は、杓子定規のもととなっている規則やルールが、現実とあっていないことにあります。

「ドクター・ストレンジラブ」の場合も、兵士の主張は、組織人としてはある意味では正しいと言えます。兵士に勝手に判断されては、軍隊としての統一的な行動はできません。日本の行政には、むしろ裁量的な判断が任せられすぎているというべきかもしれません。

重要なデータを表示しない政府統計の検索エンジン

「政府統計の総合窓口（e-Stat）」というウェブサイトがあります。ここは、日本の全府省が作成・公表している統計データを一つにまとめて提供する窓口です。

ところが、このサイトは、「2：8法則」をまったく無視した構造になっています。

例えば、日本の総人口を調べたいとしましょう。キーワードを「人口」として検索すると、表示される統計の1番目は、「国家公務員死因調査」です。そして2番目は、「退職公務員生活状況調査」、3番目は「情報化社会と青少年に関する調査」です。要するに、日本の総人口とは関係なさそうな統計がずらずらと表示されるのです。

キーワードで「人口」と入力した人の大部分は、日本の総人口を知りたいのでしょう。しかし、そうした要請には応えてくれません。

昔の検索エンジンは、どれもこのようなものでした。入力したキーワードとは直接関係なさそうなサイトが、多数表示されるのです。私は、NTT本社のサイトを開こうとして、NTT関連企業が作成した検索エンジンで検索したところ、NTT本社をどうしても見出せず、苦労したことがあります。

しかし、それは、1990年代のことです。私が「これではインターネットは使えない！」と嘆いた直後に、グーグルの革命的な検索エンジンが登場し、多くの人が見出したいサイトをトップに表示してくれるようになりました。政府統計の総合窓口は、いまだにグーグル以前の状態です。

言い訳こそ重要

官僚組織や巨大組織で働く人間は、些細なことを無視しません。できれば、全部を平等に、見落としがないように扱います。これは、「無視した」という批判を恐れるからです。つまり「言い訳優先」なのです。

ここで注意すべきは、「すべてを平等に扱うのは、本当に例外者を慮《おもんぱか》ってのことではない」ということです。言い訳のためのアリバイを作り、保険を掛けておきたいからなのです。官庁文書に「等」がやたらと多いのは、「些細なことを無視はしていない」と言い訳するためです。

会社の中間管理層には、「上司にこう言われたら、どう言い訳する？」ということだけしか考えていない人がたくさんいます。彼らにとっては、言い訳こそ重要なのです。言い訳できなければ、わが身が危ない。だから、保身のために、あらゆる場合に言い訳できるように準備しておきます。

ちなみに、多くの学者が書く本も、同じ病に冒されています。批判を恐れ、それらに対する言い訳をまず考えるのです。その結果、積極的な主張ではなく、言い訳に終始することになります。そして、ハリネズミのようになるのです。

しかし、こうした「言い訳人間」ばかりでは、組織は衰えます。では、どうしたらよいのでしょうか？

そもそも、大組織に「言い訳人間」が繁殖するのは、「減点主義」が支配的だからです。組織全体の利益に貢献しても、それに見合った報酬は得られず、逆に失敗した場合には減点されるからです。

では、民営化して組織全体の目的を各構成員が感じられるようにすれば、効率化のインセンティブが与えられ、事態は改善されるのでしょうか？　残念ながら、そうとも言えません。つぎに述べるような政治的問題があるからです。

2　何が重要か分かっていても、集中できない

政治的プロセスは平等を求める

2：8法則が意識されていても対応できない場合があります。それは、政治が平等を求めるからです。政治的な過程では、均一な分布にしたいという圧力がつねに働きます。そうなれば、「2：8法則に従った対処」という基本原則は無視されます。

旧国鉄が破綻した大きな原因は、地方不採算線への投資でした。全国あまねくサービスを供給しなければならないというので、過疎地にも投資をしてコストがかさんでしまったのです。道路投資もそうです。誰も通らない山間地に高速道路が建設されています。公共投資は、一般的に、2：8法則を意識的に否定しています。

もちろん、過疎地や不便な地域への投資を怠ってよいわけではありません。分配の不平等を正し、公平の原則を貫くのは、政治の重要な役割です。実際、政府に課された大きな役割は、所得や資産分布の不平等を解消するため、累進課税を課したり福祉政策を行なうことです。また、第7章で述べるように、現在は「その他大勢」であるものの中から、将

来の大物が出てくる可能性もあります。ですから、「その他大勢」を切り捨てないで大事に育成することは必要です。

しかし、こうした要請に対応するには、大変なコストがかかります。それは誰かの負担になっているのです。ですから、負担と利益の勘案が必要なのです。

一般に政治や行政では、「重要性にみあった措置」ができていません。だから2割に集中できないのです。それが財政圧迫の原因になっていることを、納税者としては見逃すことができません。

そうした事情を考えると、いかに民営化したところで、それだけで効率が上がるとは期待できないのです。

機能を整理すると文句が出る

電気機器のボタンで重要なのは、「使用する頻度に応じての重みづけ」という発想です。ですから、まれにしか使わないキーは省略してしまってもよいのです。多くの人にとっては、むしろそのほうが使いやすいでしょう。

しかし、メーカーは、「そうするとクレームが来るのではないか」と心配します。省略化は、日本の大企業の社内検討会議では、まず通らないでしょう。

したがって、重要なものを集中して扱うのでなく、均一に対応せざるを得なくなります。分かっていても、2：8法則が無視されるのです。

新聞の株式欄もそうです。株式関係の情報は、いまやインターネットでより詳細に、より迅速に得られます。だから、新聞の株式欄を読む人は、少ないと思われます。しかし、株式欄をやめると文句が出るので、無駄と知りつつも、やめられないのだそうです。

3 リーダーの役割

リーダーとは、重要性の判断ができる人

以上で述べたことは、経済全体にとっても重要な意味を持っています。日本経済は、1990年代以降、長期の停滞状態にあります。その基本的原因は、「何でもかんでも」タイプの大企業が多く、集中ができていないことにあるのです。第5章で見るようにアップルなどアメリカの新しいタイプの企業は顕著な集中を行なっているのですが、それとは対照的です。

日本経済では、依然として、大艦巨砲型の巨大企業が支配的です。そして、「何でもカバーする巨大組織こそが生き残りのための必須策」と考えられています。

こうした状態に対して、どうしたらよいのでしょうか？

一つの方法は、「大企業ではこうした状態になるのは避けられない」と諦めることです。新しい事業を興す夢があるなら、大企業を飛び出して起業すればよいのです。

シリコンバレーのベンチャー企業は、そうした考えを持つ人々が起業して実現したものです。しかし、これは誰にでもできることではありません。とくに日本では、リスクが大きすぎます。

もう一つの方法は、リーダーに期待することです。望まれるのは、コアである2割が何であるかを判断できる人です。そして、組織をそこに引っ張っていける人です。

ナポレオン対クトゥーゾフ

レフ・トルストイは、『戦争と平和』の中で、対照的な2人の指導者を描いています。フランス皇帝ナポレオン・ボナパルトと、ロシア軍総指揮官ミハイル・クトゥーゾフです。

ナポレオンは、戦場を事前に詳しく視察し、地形を観察して周到に戦闘計画を練ります。そして、戦闘中は戦場を精力的に駆け回って、詳しい命令を与えます。

しかし、トルストイは、「こうして作られた『天才的な』作戦指令は、一つとして実行されなかった。そもそも、実行されるはずがなかった」と言うのです。「現実の戦闘は、指揮官の命令とは無関係に、刻々と変化する状況に瞬間ごとに反応する兵士たちの行動によって進行する」からです。

これに対して、「老いぼれでのろまの」クトゥーゾフは、ナポレオンのように精力的に戦場を動き回ることはしませんでした。会議でうたたねすることさえありました。

しかし、戦争全体の運動法則を正しく把握していたのは、クトゥーゾフだったのです。彼は、アウステルリッツ戦では、開始前からロシアの敗北だと言い切りました。[注2] そして、周囲のすべての将軍たちの意見に反して、ボロジノ戦は勝利だと断言したのです。[注3]

クトゥーゾフは、ロシアが取るべき行動についても、確固たる信念を持っていました。「モスクワを放棄してもロシアを失ったことにはならない」と確言し、モスクワを放棄して退却。そして、モスクワの大火後にフランス軍がモスクワから退却を始めたときには、「決してロシア国境を越えて追ってはならない」と主張しました。そして、これらの判断はすべて正しかったのです。

クトゥーゾフは、いかなる力が諸民族を動かすかという歴史法則を把握していたのです。戦争がそうした法則にしたがって進むものである以上、ナポレオンのような行動は無意味であることも知っていました。

クトゥーゾフがいかに歴史法則を把握しえたかについて、トルストイは何も語っていません。歴史法則の洞察は、科学的手法では獲得できないものかもしれません。さまざまな変化のうち何が本質的であり、何が本質的でないかを判断するのは、動物的な直観以外の何物でもないのでしょう。クトゥーゾフ自身でさえ、もし彼の判断の根拠を問われたら、説明できなかったと思われます。

もちろん、会議ではうたたねしないほうがよいでしょう。しかし、これは些細なことです。総司令官に求められるのは、大局の判断において間違えないことなのです。指導者に求められる資質は、そのようなものでしょう。

とくに重要なのは、社会が大きく変わる際の判断です。従来と同じことが続く場合に

注2　1805年に現チェコ領において、フランス軍とロシア・オーストリア連合軍の間で行なわれた戦い。ロシア・オーストリア連合軍は兵力数では優勢だったが、大敗を喫しました。オーストリアはフランスに屈服し、第3次対仏大同盟は崩壊し、神聖ローマ帝国は解体されました。

注3　1812年にモスクワ西方のボロジノ近郊で、フランス軍を中核とするヨーロッパ諸国連合の大陸軍と、クトゥーゾフ率いるロシア軍との間で行なわれた戦闘。両軍に甚大な損害が生じました。クトゥーゾフはロシア軍に撤退を命じ、大陸軍はモスクワに入城。しかし、ロシアは和平交渉に応じず、ナポレオンは、モスクワからの撤退を余儀なくされ、その帰途で大陸軍は壊滅しました。

は、能吏であればよいでしょう。しかし、現在の日本のように本来は大転換が必要なときは、そうはゆきません。

皇帝や同僚将軍や後世の歴史家の低い評価にもかかわらず、クトゥーゾフは大局的判断ができる人間でした。国や企業の指導者にとって最も重要な資質は、クトゥーゾフ的な判断の能力です。重大な局面に直面しているときには、そうした指導者が不可欠なのです。

いまの日本で必要なのは、正しい歴史認識を持つリーダー

いま日本が必要とするのは、偉大なナポレオンの現代版が現れて陣頭指揮することではありません。一見して風采のあがらぬクトゥーゾフの蘇《よみがえ》りが、現場からは一歩引いて、歴史の動向を見極めることです。

現在の日本において最も欠如しているものが、こうした資質なのです。政治の指導者についても、企業の経営者についても、そうです。しかし、実際には、政治家が歴史認識を持てず、経営者が経営者としての仕事をしていません。

これは、いまに始まったことではありません。第2次大戦中の日本の最大の問題は、指導者が歴史的大局観を持たなかったことです。

J・M・ケインズは、「正確に誤るより漠然と正しいほうがよい」と言いました。細部

で間違いがあってもよいから、全体の方向は間違えてはいけないということです。細かい点に拘泥《こうでい》して、全体を見失ってはならないのです。

「日本の失われた20年」の基本的原因は、ここにあります。日本経済の構造改革が進まないのは、「抵抗勢力」の力が強く、既得権の存続を求める政治的な力が強いためだと指摘され、一般にもそう信じられています。それは否定できませんが、それ以前の大問題があるのです。

それは、政治的指導者に、状況を正しく把握する能力が欠けていることです。日本経済が抱える基本的な問題についての認識が間違っていれば、どうしようもありません。

経営者の役割については、第5章で再び論じたいと思います。

第2章のまとめ

1. 大企業や官庁には、重要なことと些細なことの区別ができない人が大勢います。彼らにとっての最大の関心事は、「言い訳」です。

2. 集中の必要性が分かっていても実行できない場合もあります。それは、平等を求める政治的圧力が働くからです。

3. 事態が大きく変化するとき、それに正しく対応するには、大局的判断ができる指導者が不可欠です。

第３章

「超」整理法は自動的にコアを見出す

書類や資料の場合、「コア」に当たるのは、「ワーキングファイル」です。内容によって分類せず時間順に並べるという「押し出しファイリング」の方法を取れば、これを自動的に見出すことができます。

◇◇◇◇◇◇◇◇◇◇

1　書類や資料で何が「コア」か？

「超」整理法の基礎は2：8法則

私は、1993年に『「超」整理法』（中央公論社）を刊行しました。これは、紙の書類などを整理するための方法論です。

従来の整理法では、「書類や資料などは内容に応じて分類し、格納せよ」とされていました。それに対して私は、「内容によらず、時間順に格納せよ」と主張したのです。

この方法論は、従来は正しいものと考えられていた整理法の基本を真っ向から否定するものだったのですが、幸いにして多くの読者の賛同を得ることができました。

その後、電子的形態の書類や資料が増え、紙の重要性は低下しました。それに伴って、

『「超」整理法』で提案した具体的方法論である「押し出しファイリング」の重要性も低下したことは事実です（「押し出しファイリング」とは、紙の書類などを最小限の単位でまとめ、紙の封筒に入れて格納する方式です。本章の2で詳しく説明します）。

しかし、「内容によらず時間順に格納せよ」という基本的方法論は、電子情報の時代になっても、重要性を失っていません。むしろ、重要性がますます増大しています。

電子情報の場合には、「検索」という技術を使えるため、分類することの意味がますます低下しています。検索と時間順という方法を併用することは、単に簡単であるばかりでなく、情報を引き出すための最も有効な方法になっているのです。

ところで、時間順に格納せよという「超」整理法の基本的方法論は、2：8法則と密接に関連しています。

このことは、『「超」整理法』の執筆時点においても意識していたことで、同書の中でも簡単に言及しました。以下では、それをやや詳しく説明することにしましょう。

新しいものと繰り返し使うものがコア

第1章で述べたように、「コア」とは、「重要なもの」のことであり、分量で言えば全体の2割くらいしかありません。問題は、いかにしてそれを見出すかです。

これに関連して、つぎの2つのことが言えます。第1は、書類や資料などの「情報」については、「新しいものが重要」ということ。第2は、「繰り返し利用するものが重要」ということです。

これは、仕事で使う書類や資料のように、フローとして流れていくものについての重要な法則です。長い間使わない書類は、今後も使わない確率が高い。その意味で、重要なものではないのです。

いまやっている仕事に関するファイルを、「ワーキングファイル」と呼ぶことにしましょう。実は、仕事で必要なものの多くは、ワーキングファイルなのです。

例えば、論文を書くとします。そのために、必要な資料を探してきます。これは、「新しいもの」です。論文を書いている間は、同じ資料を何度も使います。人間はある仕事を一定期間続け、その期間は、同じ資料を繰り返し使うのです。ですから、新しい資料と繰り返し使う資料がワーキングファイルになります。

以上のことは、書類や資料だけでなく、名刺の整理にも適用できます。最近連絡した人とまた連絡することが多いからです。対人関係においても、新しい関係と、繰り返して連絡する人が重要なのです。

ワーキングファイルを適切に扱う

論文以外の仕事も含めて、一日の仕事のうちで使う書類の7～8割は「ワーキングファイル」でしょう。

この事実を考えると、すべての書類を一様に扱うのは、効率が悪いことが分かります。多くの人は、使わなくなった書類を一所懸命整理しようとしているのです。これは無駄な作業だと言わざるを得ません。

ワーキングファイルを取り出しやすいような整理法を採用すべきです。それが「超」整理法です。具体的な方法は本章の2で述べることにしますが、それに先立って、「超」整理法は2：8法則を利用していることに注意してください。

一般の整理法は、「書類の中で何が重要か」についてまったく無関心で、あらゆる書類を同等に扱おうとしています。それに対して「超」整理法は、ワーキングファイルを重視しています。

一般に、何かの法則があれば、それを利用した方法のほうが、利用しない方法に比べて強力であるのは明らかです。したがって、「ワーキングファイルが重要」という法則を応用している「超」整理法は、他の整理法より強力なのです。

なお、「ワーキングファイルが重要」という法則は、モノについても、ある程度は成り立ちます。いつも使うものを取り出しやすいところに置くほうが効率的なのです。いつまでも使わないものを、後生大事にとっておく人が多いのですが、買ったときに高価だったからといって、使わないものには価値がないと考えるべきです。

2 「コア」を見出すための具体的な方法

押し出しファイリング

では、「新しいもの」と「繰り返し使用するもの」を取り出しやすくするには、どうしたらよいでしょうか？

その答えは実に簡単です。「新しく入ってきた書類は、左端に置く」「使った書類は、(元の場所に戻すのでなく) 左端に置く」という方法を取ればよいのです。そうすれば、自動的に実現されます (左端でなく右端でも構いません。どの順に並べるかは、趣味の問題です。要は、使った書類を元の位置に戻さないことです)。

図書館では、書籍を内容によって分類して置き場所を変えますが、そうしたことを一切行なわないのです。

具体的な導入手順を述べましょう。

(1) 書類を、最低限のひとまとまりごとに、角2封筒に収納します。このまとまりを、「ファイル」と呼ぶことにします。日付とタイトルを封筒の右肩に書き、内容のいかんにかかわらず、本棚に左から順に並べます。

(2) 以後、新たに到着した資料や書類は、同じように封筒に入れて、本棚の左端に入れます。そして、取り出して使ったものは、左端に戻します。

(3) このような操作を続けていくと、使わないファイルは、次第に右に「押し出されて」いきます(このために「押し出し式」と呼んでいるのです)。右端に来たものは一定期間使わなかったので、不要である確率が高いものです。そこで、不要と確かめた上で捨てます。

以上のことを実行するのに必要なものは、封筒、筆記用具、そしてスペースのみです。

ただし、本当に重要なのは、「分類しない勇気」です。人間は分類したいという本能を持っているようで、「内容いかんにかかわらず並べる」という方法を取ることには、最初のうちは心理的抵抗が働きます。後で捜すときに分からなくなってしまうような恐怖心を覚えるのです。そうした本能を排し、「分類するな、ひたすら並べよ」というのが、「超」

整理法のモットーです。

なぜ押し出しファイリングで捜し出せるのか？

こうしておくと、たくさん並んだ封筒の中から必要なものはすぐに出てきます。そうなる理由は、必要なファイルのほとんどは、本棚の左側にまとまっているからです。

なぜそうなるのかと言えば、すでに述べたように、利用するファイルは、ほとんどが「ワーキングファイル」だからです。そして、押し出しファイリングにおいて左側に入っているファイルは、新しく到着したものか、最近使ったもの、つまり「ワーキングファイル」だからです。

そのため、保存したファイルのすべてをつねに検索する必要はありません。捜索範囲は、ほとんどの場合に、左側のごく一部に限定されます。この中から目的物を捜し出すのに要する時間は、数秒ですみます。これは、意外に思われるかもしれませんが、実行してみればすぐに正しいと分かります。

つまり、このシステムでは、書類をでたらめに置いてあるのではなく、時間順という重要な軸で秩序づけているのです。そして、時間軸をキーにした検索は、きわめて効率的なのです。

多くの人が2：8法則を無視している

「ワーキングファイル」は、わざわざ分類するほどのものではないので、従来の整理法では、整理以前の状態に置かれていました。つまり、机の上に乱雑に積まれていたのです。そのため、どの山に入れたか分からなくなって、書類をかきわけて捜すことが常態になります。ワーキングファイルを適切に扱うことが、押し出しファイリングの重要な点です。

このことを2：8法則の言葉を用いて言えば、つぎのようになります。

書類や資料についても、重要なものは分量で見て全体の2割程度であり、それが重要度（あるいは使用頻度）で言えば、全体の8割程度を占めます。それらは、「ワーキングファイル」です。

ところが、従来の整理法には「重要なものを適切に扱う」という2：8法則の観念が欠落しているため、重要な部分であるワーキングファイルを適切に扱っていません。ファイリングキャビネットに格納されて取り出しやすい形態になっているのは、「使わない書類」、つまりワーキングファイルではないものです。そして、机の上に山積みになってなかなか捜し出せないのが、「コア」の書類であるところのワーキングファイルなのです。

つまり、従来の整理法では、重要でないものの整理に多大の労力を掛ける半面で、重要なものを適切に扱っていなかった、ということになります。

第2章では、「2：8法則を無視している人たちが多い」と述べました。書類、資料、情報ということについては、多くの人が2：8法則を無視しているのです。

焼き畑式図書館の斬新なアイディア

実は、この方法は、必ずしも私が最初に思いついたものではありません。

それに先立って、「焼き畑式図書館」というアイディアがありました。これは、「ロゲルギスト」というペンネームの物理学者の集まりが『新物理の散歩道』で提案していたものです（ロゲルギスト『新物理の散歩道』第2集、中央公論社、1975年）。

このアイディアの概要は、つぎのようなものでした。

現在ある本棚（「本棚A」と呼ぶことにします）の他に、空の本棚BとCを準備します。第1年目には、新しく到着した本とその年に読んだ本を、本棚Bに収納します。つぎの年には、その年に新しく到着した本と読んだ本を、本棚Cに収納します。本棚Bに残った本は、本棚Aに戻します。すると、本棚Bが空く（焼き畑となる）ので、第3年目には、新しく到着した本と読んだ本を本棚Bに収納します。

こうした手続きを繰り返していくと、本棚Aには、使われなかった本が残ることになります。そこで、これらを不要物とみなし、捨てる（あるいは、保存図書館に収納する）のです。

この考えは非常に興味あるものだと思いましたが、私は実行しませんでした。なぜなら、本は、この方法を取るにはあまり適当な対象ではないからです。長い間読まなかった本でも、重要でないとはいえません。また、一度読んだ本を繰り返し読むかと言えば、必ずしもそうではないのです。焼き畑式図書館が実際には使われなかったのは、こうした事情があるからでしょう。

しかし、これは、画期的なアイディアです。とくに、「使わないものを自動的に選別する」という発想は、頭に焼きつきました。押し出し法を取るようになったとき、この考えに強く影響されていたことは疑いありません。

3 デジタル情報こそ分類する必要がない

電子情報は時間順に

電子的形態のファイルについても、内容による分類、整理は必要ありません。むしろ、

「しないほうがよい」のです。

ファイルのタイトルをうまくつけて、それによって捜すより、時間順で捜すほうがずっと早いのです。「超」整理法とは、「内容によって分類するのでなく、時間順に並べる」という考えなので、電子情報のシステムとはもともと相性がよいのです。

そこで、作ったすべてのファイルを、内容と無関係に、まったく機械的に作成時間順に保存します。ＰＣ（パソコン）のファイル整列方法には、名前、種類、サイズなど複数の基準がありますが、これを「更新日時作成」にあらかじめ設定しておけば、ファイルは自動的に時間順に整理されることになります。

紙の書類と違う点は、使ったファイルの戻し方です。古いファイルを取り出して参照した場合、内容を変更しない限り、新しいタイムスタンプ（コンピュータがファイルにつける日付）にはなりません。

ＰＣなどで処理する電子情報に関しては、時間順の考えが多く取り入れられています。最近のＰＣでは、「最近使ったファイル」「最近表示した場所」「最近使ったプログラム」を表示してくれる機能が装備されていますから、活用されることをお薦めします。

ＩＴの発達で紙の書類は著しく減りましたが、「超」整理法の正しさは変わりません。なお、写真の整理は従来は不可能でしたが、ディジタル化されて可能になりました。これについても、時間順に並べるのが最も効率的です。

「分類するな。検索せよ」

ワーキングファイル以外のファイルが必要になる場合も、もちろんあります。紙の書類の場合には、こうしたファイルを捜し出すには若干の時間がかかります。しかし、電子的なデータなら、キーワード検索することによって簡単に見出せます。したがって、情報をすべてディジタル形式で持てば、基本的に整理する必要はなくなりました。

すべての情報をGメールで処理すれば、過去数年間のログから目的物は容易に引き出せます。つまり、自動的にそのシステムが実現されるわけです。PC内にももちろんメモリはありますが、これを検索したりするのは若干面倒なので、Gメールのログという形でクラウドに保存するほうが便利なのです。2008年に刊行した『超「超」整理法』(講談社)の基本的なメッセージは、このことです。

つまり、IT時代の整理法のモットーは、「分類するな。検索せよ」になったのです。そもそも、情報を抱えることの意味がなくなったとも言えます。

4　分類しても、コアは見出せない

「分類こそ整理」という考えは誤り

従来、整理について、つぎのように考えられていました。

「〈整理・整頓〉と言うが、この2つは違う。〈整理〉とは、内容や重要度を考慮して分類し、秩序づけることである。これは、形式的に片づけて見た目をきれいにする〈整頓〉とは違う。そして、必要なのは、整理であって整頓ではない」というのです。

つまり、ただ並べるだけの「整頓」では必要なものを見出せないから、内容に応じて分類し「整理」せよ、というのです。本書で論じていることとの関連で言えば、「そうすることによってのみ、コアを見出すことができる」というのです。

私たちは、こうした考えを、小学生の頃から教え込まれてきました。そのため、「分類こそ整理」という考えは正しいと、信じ込んでいます。

しかし、大人になって知的な仕事を始めるようになると、この原則に従うことは次第に難しくなります。毎日大量の資料が到着する一方で、処理すべき業務が山積みとなり、書類の分類・整理などやっていられなくなります。たまに整理しても、すぐに破綻します。かくして、机の上や書類棚は、資料や書類で溢れかえってくるのです。

なぜ、こうなるのでしょうか？　それは、「分類こそが整理」という考えが、基本的に間違っているからです。

なぜ間違いなのか？　その理由は、つぎのようなことです。

第1の理由は、「どの分類項目に入れてよいか分からない」ということが頻繁に発生するからです。これは、つぎの場合に発生します。

一つは、対象となる資料が、複数の内容または属性を持っている場合です。いま一つのケースは、連続的に変化するもののグレイゾーン（境界領域）にある場合です。こうした問題があるために「その他」もしくは「雑」という分類項目を残しておくと、どんどん資料が入ってくる。その結果、結局は分類しないのと同じことになってしまいます。

従来の整理法は、「仮に、こうした問題が解決できるとしたら、分類は役立つ」といっているにすぎません。

コアはダイナミックに変わる

もっと本質的な問題もあります。それは、「知的な仕事の多くは、同じことの繰り返しではなく、ルーチン化できない」ということです。

しかも、仕事の内容や問題意識は、流動的で、時間の経過とともに変わります。このため、分類項目を固定できないのです。いったん項目を設定しても、すぐに古くなります。ある問題については、分類を細分化したくなります。他方で、ある仕事が終われば、それに関連した項目はまったく使われなくなります。

ですから、とりあえずまとまる範囲でまとめて時間順に収納するしか、対応の方法がないのです。情報をどこに分類して格納すればよいかが最初からはっきりしているのは、ルーチンワークの場合です。

なお、ビジネスにおけるコアもダイナミックに変わります。したがって、ビジネスに2：8法則を応用する場合に最も重要な課題は、変化するコアにいかに対応するか、ということです。この問題は、第5章で考えることとします。

動物の記憶メカニズムと同じ？

「超」整理法的な情報の整理は、大脳のメカニズムと密接に関連しているようです。実際、「超」整理法は、動物の記憶メカニズムと酷似しているという書評がありました。

野生動物は、刻々と入ってくる情報を、日中は当面の一貫性を保てる範囲で無分類、時間順で保持するのだそうです。そして、外敵の危険がない夜の間に、脳がこれらを意味付け、取捨選択して、必要なものを長期記憶に転記するのです。

「超」整理法による書類の整理も、これと非常によく似たプロセスで行なわれています。動物の記憶メカニズムは合理的なものであるはずで、したがって、「超」整理法的な情報の時系列整理もそれと同じ理由で合理的であるはずです。

情報の分類は、このような過程を通じて自然にできあがってゆくものなのです。「分類こそ整理」という考えは、最初に収納するときに無理に分類しようとするから、問題が生じるのです。

生物が何億年もの時をかけた進化の過程をへて獲得した方法が、合理的でないはずはありません。「超」整理法が基本的に生物に似ているのは、その合理性の証左といえるでしょう。図書館方式は、徐々に崩壊します。押し出しファイリングは、生物の記憶メカニズム同様に機能するため、使っているうちに徐々に秩序ができあがってくるのです。

第3章のまとめ

1. 仕事に必要な情報で重要なものは、「ワーキングファイル」です。これは、新しく到着したもの、または最近使ったものです。これが「コア」の情報であり、これを取り出しやすいような整理法を採用する必要があります。

2. 「押し出しファイリング」は、この法則を紙の書類や資料について適用しようとするものです。新しく到着した書類と最近使った書類を左端においていけば、左端にワーキングファイルがまとまります。

3. 電子情報についても、内容別に細かく区別するのではなく、時間順に格納し、必要なときは検索で探し出す方式が効率的です。

4. 情報を内容によって分類しようとすることには、原理的な困難が伴います。

第４章

試験勉強でこそ
２：８法則が有効

勉強は、2：8法則を応用できる最適対象です。入学試験、資格試験、面接試験などについて、とくにこのことが言えます。

集中すべきコアを把握することが、きわめて重要です。これを実行すれば、ほぼ確実に成功することができるでしょう。

◇◇◇◇◇◇◇◇◇◇◇◇◇

1　できる学生とできない学生の違いは何か？

取り落としがないように勉強すると、失敗する

例えば、あなたは世界史で古代ローマ史の勉強をしており、その試験を受けるとしましょう。試験に出そうな人物としては、カエサル、アウグストゥス、ポンペィウス、アントニウス、ハドリアヌス等々の10人がいるとします（簡単化のため、これ以外の人物については出題されないとします）。

過去の問題40題を調べたところ、これらの人々に関する出題数は、カエサルとアウグストゥスが各16題、他の人はそれぞれ1題ずつだったとしましょう（各問題では1人についてし

か問うていないものとします)。

この場合には、カエサルとアウグストゥスという2人(全部で10人のうちの2割)の人物がコアであって、総出題数の8割を占めていることになります。これは、第1章の1で述べたのと同じ分布です。

さて、各人について1時間勉強すれば、確実に10点取れるものとしましょう。2時間勉強すれば20点、等々であり、10時間勉強すれば100点取れるとします。そして、勉強に充てうる時間は、全部で20時間しかないとします。

この場合、どのように勉強したらよいでしょうか?

第1は、カエサルとアウグストゥスの学習にそれぞれ10時間ずつ充てる方法です。これを「集中勉強法」と呼びましょう。この方法では、これらの人に関する問題が出れば100点取れます。しかし、その他の人についての問題が出れば0点になります。

第2は「一様勉強法」で、10人の各々の学習に2時間ずつ充てる方法です。この方法では、誰についての問題が出ても得点は20点になります。これでは、不合格でしょう。ですから、集中勉強法を取るべきです。

では、それぞれの勉強法を取った場合に、平均して取れる点数(期待得点数という)はいくらでしょうか?

この答えは、第1章の1で行なったのと同じ計算で得られます。結果だけを言えば、集中勉強法では80点、一様勉強法では20点です。つまり、4倍の開きがあります！

なお、カエサルについて勉強する場合、どんなことを勉強するかが問題になります。カエサルの行なったことの中でも、2割程度が重要なのです。この性質は、「フラクタル性」と呼ばれます（フラクタル性については、第6章の4で説明します）。

一様勉強法の安心感はニセモノ

右に述べた「集中勉強法」のアドバイスに対して、「カエサルとアウグストゥス以外の人たちをまったく勉強しないのは不安だ。取り落としのないよう、万遍なく勉強すべきでは？」との疑問が提起されるでしょう。もっともな疑問です。

しかし、この疑問は、誤りなのです。

右の結果をもう一度見てください。試験に出そうな人物すべてを平等に勉強する「一様勉強法」では、誰が出題されても、20点しかとれません。これでは合格できません。つまり、「取り落としがないように万遍なく勉強する」という方法は、安心感を与えてくれるかもしれませんが、その安心感はニセモノなのです。

もちろん、実際にハドリアヌスが出題される場合もあるでしょう。その場合、集中勉強法では0点になり、落第します。つまり、集中勉強法をとったとしても、必ず成功できるわけではありません。しかし、出題される問題が確実に分からない以上、これはやむを得ぬことです。繰り返しになりますが、一様勉強法では必ず不合格になり、集中勉強法では8割の確率で合格します。ですから、集中勉強法を取るべきなのです。

もし、古代ローマ史の先生が、「取り落としのないよう、10人の人たちをすべて勉強せよ」と要求するとすれば、それは、試験への対策としては、不適切なアドバイスと言わざるをえません。そして、ハドリアヌスが出題された場合に、「だからハドリアヌスも勉強しておけと言ったではないか」と言うとしたら、それは「後知恵」に基づく非難でしかありません。

この先生と同じような人は、会社にも沢山います。あなたがビジネスのコアを見出し、それに集中しようとしても、あなたの上司は、「集中すると、はずれた場合に問題が起きる。だから、取り落としがないようにすべてを万遍なくカバーせよ」と指示するかもしれません。しかし、すでに述べたことから明らかなように、これは、はずれた場合に「言い訳」をするための指示でしかありません。これが第2章で述べた「集中しようとしない人」「言い訳ばかりを考えている人」です。こうした人たちの指示に従ってはなりません。

なお、注意していただきたいのですが、私は、どんな場合でも2人以外の人を無視してよいと言っているのではありません。もし勉強に充てられる時間が20時間より多ければ、2人以外の人たちについても勉強すべきです。問題は、古代ローマ史の勉強に充てられる時間に制約があることなのです。その制約を前提とすれば、集中法が正しい勉強法なのです。

もう一つ注意していただきたいのは、「20時間しか勉強に充てられない」という仮定の下では、確実に100点を取るのは不可能であることです。どんな人が出題されても確実に100点を取るためには、100時間勉強する必要があります。それは、いまの仮定では不可能です。不可能なことを追及しても無意味です。要は、「与えられた制約条件の下で、もっとも望ましい事態を実現するにはどうしたらよいか」ということなのです。

「では、古代ローマ史の勉強に充てる時間を増やすべきではないか？」という意見があるかもしれません。しかし、そうすると、他の科目の勉強に充てられる時間は減ってしまいます。勉強の対象は、古代ローマ史だけではないはずです。全体の勉強計画の中で、適切な時間を古代ローマ史の勉強に割り振らなければなりません。古代ローマ史の勉強時間だけを増やそうというのは、勉強の全体に対する俯瞰図を欠いた考えです。

試験に合格できるかどうかは、能力の差でなく、方法の差

右の例で合否を分けたのは、能力の差ではないことに注意してください。この例では、集中勉強法を取る人も一様勉強法を取る人も、どちらも1時間勉強すれば10点取れると仮定しました。つまり、能力には差がないと仮定したのです。

違いは、集中して勉強するか、一様に分散するかという「方法」だけです。方法の違いによって、合否が決まったのです。

コツコツ真面目に勉強するのはもちろん重要です。しかし、それで成功するとは限りません。「どこに努力を集中するか」が、重要なのです。

能力のある人が真面目に勉強しても、方法を間違えれば成績は上がりません。要領よくスマートに勉強する学生が成功するのです。

入学試験には、毎年必ず一定数の成功者がいます。合格者の中に入ることが目的なのであって、すべての問題に完璧な答えを書くことが目的ではありません。目的をこのように限定すれば、それをクリアするのは、あまり難しいことではありません。

勉強がよくできる学生はコアを押さえている

勉強ができる学生は、まんべんなく勉強しているのではなく、重要な点を押さえています。つまり、不均質な努力をしているのです。

できる学生は、どこが重要かを捉えています。「全体の中で重要な2割が何であるか」を把握しており、そこに努力を集中しています。のんべんだらりとやっているのでなく、めりはりがあります。

「幹と枝葉の区別」と言ってもよいでしょう。頭のよい子、勉強のできる子というのは、幹を押さえるのが上手な子です。勉強の苦手な子は、何が要点か分からず、膨大な情報の中で途方に暮れています。勉強のコツは「集中すること」なのです。

これは、「ヤマをかける」のとは違います。山勘でどこかに集中しているのではなく、本当に「重要なところ」を知り、それを押さえているのです（どこが重要かを知る方法は、後で述べます）。

逆に言うと、時間をかけて真面目に勉強しているにもかかわらず、一向に成果が上がらない学生は、努力する対象を間違えているのです。成績の悪い学生は、怠け者や能力が低い学生とは限りません。多くの場合に、勉強法が下手なのです。具体的には、2：8法則に従っていないのです。勉強ができるかできないかの差は、まさに、ここにあります（そして、この点にのみあります）。

勉強のコアは確定している

ところで、右の例で古代ローマ史を持ち出したのには、理由があります。古代ローマは2000年も前の話であり、さまざまな人物や事件の評価がほぼ確定しているのです。例えば、ポンペイウスがカエサルより重要だという人は、まずいません。先に用いた例で、カエサルの出題回数がポンペイウスの16倍だとしたのは、説明の便宜で置いた仮定にすぎませんが、多くの歴史家の評価もそれと大きくは離れていないはずです。

重要な点は、「評価が確立していて、変動しない」ということです。ですから、試験での出題頻度も、ほぼ不変なのです。

ただし、言うまでもないことですが、カエサルとアウグストゥスしか出題されないわけではありません。その他の人が出題されることもあります。すべての受験者が合格点を取ってしまうと、試験実施者としては困るからです。差がないと判定できないのです。

これは、出題者の立場に立ったことがないと、分かりにくいことでしょう。出題する側から言うと、全員が合格点を取ってしまうと、窮地に立たされるのです（もちろん、全員が不合格点でも困ります。ただ、その場合には、合否基準を甘くして救済することが可能です。それに対して全員が合格点の場合は、選別のための新しい基準を設定しにくいのです）。

ですから、難しい問題も、ときには出す必要があります。あるいは、何題かの問題の中に、難しい問題も入れておきます。

ただし、難問奇問ばかりを出題していては、批判の対象となります。歴史の問題であれば、誰も知らない小国の政治家についての問題を出したら、批判されるでしょう。歴史全体の流れの中で意義があるような人物や事件を問う問題が、「よい問題」と評価されます。

出題者はつねに「よい問題」を出すプレッシャーを受けています。入学試験では、ことにそうです。とりわけ有名校は、この類いのプレッシャーを強く受けています。だから、難関校ほど、入試には「まともな問題」「標準的な問題」を出すのです。

こうした事情があるので、入学試験問題で求められているおおよその水準は分かります。問題の傾向は予測できるし、対応もできるのです。

同様のことが、勉強の他の分野についても言えます。どの分野でも、重要性の評価はほぼ確立していて、重要なのは全体の2割くらいです。そして、あまり大きな変化はありません。受験者の立場から言うと、過去の傾向どおりと考えても、大きく外れることはありません。運が作用することは、あまりないのです。このため、受験勉強は、2：8法則の適用が最も確実な成果をあげる分野なのです。

2　どうやって勉強のコアを見出すか？

よい教師は、コアを教えてくれる

「勉強はコアに集中せよ」と本章の1で述べました。では、どうすればコアを見出せるのでしょうか？

これについては、まず教師の役割が重要です。幹と枝葉を区別できるかどうかは、教師によって大きく影響されるのです。

よい教師とは、「どこが重要なのか」を教えてくれる教師です。よい教師は、教科書に書いてあることがすべて同じように重要ではないことを知っています。「コアだけを取り出すと体系的にならないから、重要でないことも教えざるを得ないのだ」ということを知っています。教科書に比べて講義がすぐれているのは、重要な点を強調できるからです。逆に言えば、それを示せない教師は無能です。

アメリカで大学院生として経済学を学んだとき、大変印象的だったのは、"crucial"という言葉でした（これは、「大変重要な」という意味。ただし、very important とはニュアンスが異なります。「これがないとすべて駄目になってしまう」というような意味)。多くの教授が、「この点はcrucialだ」と連発していました。学習で重要なのは、crucialなこととtrivial(些細)なことを、はっきり区別することなのです。それを教えるのは、教師の重要な役目です。

過去問から試験のコアを見出す

よい教師に恵まれない場合は、どうしたらよいでしょうか? あるいは、独学せざるを得ず、教師がいない場合には?

教師がいなくとも、直感的にコアを見出すことができる学生もいます。しかし、誰もがそうした能力を持っているわけではないので、方法論が必要になります。

私は、さまざまなことを独学せざるを得なかったので、この類いのノウハウを意識して求めました。

私は、大学では応用物理学を勉強したのですが、4年生になってから経済学の勉強をしたくなり、経済学の知識を持っていることを示すために、公務員試験の経済職を受けました。毎日遅くまで研究室で実験を続けなければならなかったので、厳しい時間的制約の下での独学です。

そこでどうしたかと言うと、公務員試験の過去問題を見たのです。経済学に関する知識がゼロの段階で、教科書を最初から順に学習するのでなく、過去問題だけを見ました。そして、経済学辞典を買ってきて、専門用語（例えば、「価格弾力性」というような、日常用語でないもの）を引き、意味を勉強しました。

私は、大学受験のときから、「過去問題集」とか「傾向と対策」という参考書があることを知っていましたが、あまり使いませんでした。しかし、このときにはもっぱら過去問に頼ったのです。それは、時間的制約が厳しかったからです。

体系的に学問を究めようとするのではなく、試験に通ることだけが目的なら、過去問題で勉強するのが最も効率的です。

この方法は、程度の差こそあれ、誰もがやっているでしょう。運転免許の試験で、交通法規をすべて覚えるのは大変です。しかし、過去に出題されたことを勉強すれば、たいていは通ります。

もし教室で経済学を教えるなら、あるいは経済学について（ある程度専門的な）教科書を書くなら、「経済学はどのような問題に答えようとしているか？」「経済学の基本的な方法論は何か？」「経済学の限界は何か？」といったことを重点的に話したり書いたりします。

しかし、公務員試験にそうした問題が出てくることは、まずありません。こうした「深遠な」問題に関しては、論者によって意見が違うし、客観的な採点も難しいからです。したがって、こうした問題について高い識見と深い洞察を持っていても、試験には通らないでしょう。

試験に出てくるのは、「乗数理論を用いて、財政拡大政策の評価をせよ」とか、「比較生産費の理論を用いて自由貿易の利益を説明せよ」といったように、答えが客観的に決まっている問題になります。

要するに、専門の学術書と試験とでは、コアが違うのです。

入門教科書でコアを知る

よい教師がいない場合にコアを見出すもう一つの方法は、入門用の簡単な教科書を見ることです。ここには、(専門の学術書とは違って) コアに当たるものしか書いてありません。

古代ローマ史を勉強するのに最初からエドワード・ギボンの大著『ローマ帝国衰亡史』を開くと、途方に暮れてしまうでしょう。しかし、10ページしかない入門解説を読めば、何がコアかは分かります。そこには、ポンペイウスやハドリアヌスのことは書いていないかもしれませんが、カエサルとアウグストゥスは必ず載っているでしょう (後で述べるパラシュート勉強法の言葉を使えば、入門教科書は非常に強力な「飛行機」なのです)。

私は高校で世界史を選択しなかったので、独学で勉強しました。公務員試験の勉強をしたときのように時間的な制約はなかったので、最初は世界史の事件に題材をとった小説から読みました。

西洋史なら、ローマ帝国、十字軍、大航海、エリザベス女王、フランス革命、そして現代史です。シュテファン・ツヴァイクの著作には、面白い歴史ものがいくつもあります。

面白いから、自動的に右のような選択になったのですが、いま考えてみると、小説になるような事件や人物は、世界史全体の立場から見ても重要である場合が多いのです。つまり、これは、世界史のコアに当たる部分なのです。

「牛に引かれて善光寺参り」と言いますが、私は、面白さに引かれて自然に世界史のコアを勉強したと言えるかもしれません。

図書館の本を見るとコアが分かる

アメリカの大学院の授業には、「リーディング・アサインメント」というものがあります。授業を聴く前提として、来週までに読む必要がある参考文献のリストです。

ところで、英語を母国語としない留学生には、これはかなり難しい課題です。英語を速読できないというハンディキャップがあるからです。「1週間のうちに厚い本を10冊も読め」などというリーディング・アサインメントは稀ではないのですが、とても対応できるものではありません。

そこで私がどうしたかを、お話しします。

私は大学の図書館に行ってアサインメントの本を借りだし、本を下から眺めたのです。すると、ページが黒くなっている部分が見えます。ここは、大勢の学生が読んだ個所なのです。

多くの学生は、その本を最初から最後まで一様に読んだのではなく、黒くなっている部分を読んだのです。つまり、その部分こそが「コア」なのです。多くの場合に、それは本全体の2割にもなりませんでした。

これは、速読ができないためにやむを得ず取らざるを得なかった対応ですが、いま思えば、リーディング・アサインメントへの対応としては、正しい方法だったと思います。「こんなにたくさんは読めない」としてギブアップしてしまうことに比べれば、ずっと積極的な対応です。

なお、図書館の本には、「ここが非常に重要」とか、「この記述はおかしい」などの書き込みもあり、大変有益でした。「図書館の本に書き込みをしてはならない」という注意は間違いだと、私は思っています。

受験英語と日常英語はコアが違う

ある程度以上の世代の人なら、「でる単」と聞いて、懐かしい思いにとらわれるでしょう（正式書名は、『試験にでる英単語』、青春出版社）。

これは、大学受験によく「でる」単語を集めた単語集です。この著者は、私の高校時代の担任だった森一郎先生です。

森先生の主張はきわめて斬新で重要なものでした。「大学入試問題に出る単語と日常用語の単語では、頻度分布が違う。だから、受験英語では日常会話ではあまり使わない単語が重要だ」というものです。

頻度分布が違うのは、「入試問題を作っているのは日本の学者であって、文献英語には詳しいが、日常英語にはあまり詳しくないからだ」と、森先生は説明しています。まったく納得できる説明であり、実に重要な発見ではありませんか。

森先生が「でる単」を編纂したのは、私の卒業後のことですが、私は何度か呼び出されて、実験台に使われました。私がよく知っている単語は受験英語のものであり、日常英語のものではなかったのです（その後アメリカに留学して、そのことを嫌というほど思い知らされました。教室の中で使われている英語は完全に分かるけれど、町に出ると途方に暮れるという経験を何度もしたのです)。

これまで述べてきた2:8法則との関係で言えば、つぎのようなことです。

英単語にも2:8法則が当てはまり、重要なのは全体の2割程度の単語です(なお、これに関連して、第6章の2で「ジップの法則」を紹介します)。これが分かれば、会話の8割程度は分かります。

しかし、受験英語(または学者の英語)と日常英語(町で話されている英語)では、2割の内容が違うのです。子ども時代からアメリカで育った人でも、日本の大学受験の英語で必ずしもいい成績を取れないのは、このためです。

ところで、英語の勉強について、つぎのことを付け加えたいと思います。

それは、「でる単(あるいは、他の単語帳)にある単語を最初から一つずつ暗記すればよいかというと、そうではない」ということです。

言葉というものは、単語をばらばらに切り離しても暗記できないものなのです。文脈の中に位置づけないと覚えることができません。そして、文章全体を覚えれば、単語は簡単に覚えられます。

例えば、私はresilientという言葉をなかなか覚えることができませんでした(「柔軟な」という意味)。ところが、あるとき、〝Children are resilient〟という文章を見つけて、その文章を覚えてからは、resilientという言葉の意味で迷うことはなくなりました。

森理論の教訓は、「文章を暗記するなら、文学作品ではなく、科学者の書いたエッセイのようなもののほうがよい」ということです。

受験秀才は必ずしも社会で成功しない

試験に合格することだけが目的であれば、過去問で試験問題のコアを把握すればよいと、述べました。しかし、過去問で勉強するタイプの受験秀才は、社会に出て伸びないことが多いのです。ビジネスは勉強とは違うからです。では、どこが違うのでしょうか？

学校の試験では、問題が与えられています。範囲が決まっており、正解もあります。だから、「何をやればよいか」が明確に分かるのです。

しかし、ビジネスでは、「何が問題なのか？」は必ずしも明らかではありません。むしろ、問題が何かを知ることが重要なのです。そして、唯一の正解があるとは限りません。正解がない問題も、現実の社会には多いのです。

ところが、受験秀才には、このことをよく理解できない人が大勢います。そのため、問題の対処を誤ることが多いのです。

また、学校の勉強と卒業後の勉強では、コアが違います。経済学という範囲に限っても、学者になりたければ、過去問に答えられるだけではまったく不十分です。いまなら、過去問的な知識は、ウェブをちょっと検索するだけで簡単に手に入ってしまうでしょう。

ですから、資格試験やＴＯＥＦＬなどで高得点を取っても、それが仕事ができる能力を表すことにはなりません。しかし、世の中には、これに関する誤解がまだ根強く残っています。

もちろん、学生時代に受験秀才であった人が、その後成長して、受験秀才の殻を破って成長する、という場合はあります。しかし、受験秀才の段階で成長を止めてしまった人も数多くいます。そうした人たちが大組織に入り、組織の中で権限を持つようになれば、組織は固定化し、社会は停滞します。

３　「パラシュート勉強法」でコアを把握する

全体を俯瞰すればコアが分かる

コアを見出すためのいくつかの方法を本章の２で述べました。では、一般的な方法があるでしょうか？

勉強については、あります。それは、全体を俯瞰《ふかん》することです。すると、重要なものが分かります。これを「鳥の目法」と呼ぶことにしましょう。

道を歩いたり、ドライブをしたりする場合、人によって目的地へのルートの認識法に差があります。ある人は、地図を頭に思い浮かべ、それと対照しつつ現在地と目的地の関係を把握します。これに対して、目の前に現れるつぎつぎの目標物との関係で把握している人もいます（例えば、銀行の角を右に曲がり、つぎの信号を左に曲がるなどというように）。

前者が鳥の目による全体把握です。これは、まず全体を把握し、それを用いて部分を理解しようとする方法です。鳥が上空から地上を眺めるようにして、対象を理解しようとするのです。

それに対して後者は、アリの目で部分部分を見ていることになります。部分から全体を理解しようとしているのです。

多くの人は、この両者を組み合わせているでしょうが、私が強調したいのは、前者です。これが、『「超」勉強法』で書いたことのエッセンスです。

「鳥の目法」で、なぜコアが分かるのでしょうか？　それは、全体を把握すれば、個々の部分がどのように関連しているかが分かるからです。そして、重要性とは、個々の部分が全体に対してどのような位置にあるかで決まるものだからです。

「鳥の目法」は、まず全体の鳥瞰図を得て、それをもとに各部分の重要性を評価しようという方法です。

それに対して、「アリの目」だけでは、見える範囲はごくわずかなものです。その領域に全体としてコアがなければ、それを見出すことはできないでしょう。

目次を活用して全体を俯瞰する

全体を俯瞰するための具体的な方法としては、目次の活用があります。教科書や参考書を読んでいるとき、頻繁に目次を一覧するのです。すると、「いま学んでいることが全体の中のどの位置にあるか。他の部分とどのような関係にあるのか」がつかみやすくなります。これは、目次を「鳥の目」として活用しようとする方法です。

もう一つの方法は、結論から読むことです。学術論文の場合には、とくにこの方法が有効です。まず論文の最後にある結論を読み、つぎに最初に書いてある問題の位置づけを読む。そして、自分の知りたいことがどこに書いてあるかを知る。そこを読んで、そこから前後に読み進むのです。

「索引」も重要な役割を果たします。多数のページに掲載されている言葉は、その本のコアに関係している場合が多いのですが、それは索引で見つけ出すことができます。そこで、掲載ページ数の多い言葉を見ることをお勧めします。その言葉について、とくに、掲載ページが連続して現れる個所を見るとよいでしょう（「自分がこの本から何を知りたいか？」という問題意識がはっきりしている場合は、その言葉を見ます）。こうすれば、コアが何かを、かなり迅速に把握できます。

ところで、当然のことですが、こうした読み方をするには、本に索引がなければなりません。同じような内容の本で一方に索引があり、他方になければ、私は迷うことなく前者を買います。

英語の専門書は、ほとんど必ず索引がついています。索引には重要な機能があると、正しく認識されているからです。

ところが、日本の書籍は、専門書であっても索引がないのが普通です。こうなるのは、索引の作成は面倒な作業だからです。校正作業がほぼ終了して、ページ数が確定した段階にならないと、索引を作成できません。ところが、これは書籍作成の最終段階であり、さまざまな作業が重なって、時間的に余裕がない段階なのです。索引作成のような面倒な作業は、できれば避けたい。そうした事情から、索引は省略されてしまうのです。それは、「手抜き」と言えるでしょう。そして、日本の読者はその「手抜き」を許しているのです。

私は、「索引がない本は本ではない」という考え（偏見？）を持っています。その観点からすれば、日本で出版される本のほとんどは、本ではありません。索引のある本は、「手抜きしていない本」であることの証拠です。このことを、是非評価していただきたいと思います。

できるだけ早く高いところにのぼる

全体を俯瞰するうえで重要なのは、できるだけ高いところまでのぼることです。とにかく進む。途中で分からないところがあっても、とにかく行けるところまでのぼってしまうのです。

この方法がなぜ有効かと言えば、「狭い範囲でコアを見出しても、それがより広い範囲ではコアではない」というケースがしばしばあるからです。

例えば、古代ローマ史の中でコアに当たるものを見出したとします。しかし、その中には、世界史全体から見ればコアではないものが含まれているでしょう（「分布の一部を抜き出すと、全体と似た分布になる」というこの事実は、「フラクタル性」と呼ばれます。これについては、第6章の4で説明します）。だから、古代ローマ史だけにこだわるのでなく、世界史全体をできるだけ早く俯瞰するほうがよいのです。

この方法は、とくに数学の場合に有効です。できるだけ早く、できるだけ高いところにのぼってしまうのです。すると、そこにいたるまでの概念や理論の位置づけが分かり、なぜある概念が必要なのか、個々の概念がどのようにつながっているのか、どの程度の重要性のものなのか、といったことが分かります。進んだ段階からみれば、それまでのところはよく分かるのです。

したがって、もし可能であれば、できるだけ早く、できるだけ広い範囲をざっと勉強してしまうべきです。例えば高校1年生なら、高校の全課程をできるだけ早く勉強する。理解できないことが多少残っても、構わないでどんどん進むのです。

いわゆる「受験エリート校」が受験勉強に有利なのは、生徒の間で、「こんなことまで知っているぞ」という背伸び競争が起こり、進んだことを勉強するインセンティブが働くからだと思います。

もちろん、これは独学でもできます。学校の勉強の場合には、教科書という格好の手引きがあるので、できるだけ早く、教科書を最後まで読んでしまえばよいのです。

この方法によって、「どのようなことを学ぶのか」という概略をまず把握します。高校全課程で学ぶべき内容はどの程度かを把握すれば、勉強は楽になります。これは、軍隊の行軍の場合に、目的地が分からないと疲れるけれども、目的地を知り、そこまでの地図があれば疲れないのと同じことです。

飛行機の力を借りてもよい

ところで、「高いところに行け」といっても、「ではどうやって高いところに行けるのか？　それこそが問題だ」という意見があるでしょう。

それに対して私は、基礎から一歩一歩のぼるのでなく、飛行機に乗って頂上まで行き、「そこから落下傘で降下すればよい」と提案します。このような方法を、「パラシュート勉強法」と呼ぶことにしましょう。

例えば、ファイナンス理論の論文を読んでいたら、「ボラティリティ」という言葉が出てきたとしましょう。これは統計学の基礎概念の一つなのですが、統計学を勉強したことがない人は、この言葉を見て、「私は統計学を知らない。その勉強には大変な努力が必要だ。だから、私はこの論文は読めない」と諦めてしまうでしょう。

しかし、時間がなければ、必要事項を調べるだけで読み進んでもよいのです。

この目的のために、昔であれば、百科事典を用いました。いまなら、ウェブで調べるのが便利です。「ボラティリティ」についての簡単な説明は、すぐに見つかります。それを読めば、「おおよそどのようなことか」は、理解できます。学生時代に数学をきちんと勉強しなかったビジネスマンでも、理解できるでしょう（ただし、ウェブにある解説は誤っている場合も多いので、注意が必要です）。

専門家では、このような方法を取ることに反対の人がいると思います。「麓《ふもと》から一歩一歩のぼってこそ、頂上をきわめる歓びがある。飛行機で頂上に行っても意味がない」という意見です。

だから、百科事典やウェブで答えを見てしまうというのは、ルール違反だと感じて、うしろめたく思う人が多いでしょう（実は、私自身もそうです）。しかし、この意見はサディズムでしかありません。高山のすばらしい空気や眺望が目的なら、飛行機で望む高さまで連れていってもらって、パラシュートで降下してもよいのです。

実際、われわれは、日常生活でこうした方法を多用しています。自動車を運転するのに、内燃機関の原理について正確な知識を持つ必要はありません。それより、アクセルの踏み加減を体得するほうが重要です。あるいは、テレビを見るのに、半導体の知識は必要ありません。スイッチの操作を知っていれば十分です。勉強についてこれと同じことをやるのが、「パラシュート勉強法」です。

理解できなければ、棚上げして進む

「基礎が重要」とよく言われるのですが、単純な算数の計算であっても、基礎を問われると答えられないことは多くあります。例えば、(3/4)／(7/9)を計算するのに、普通は、除数の逆数を掛けます。つまり、(3/4)×(9/7)として計算します。

では、なぜこうしてよいのか？　その理由を答えられる人は、あまりいないでしょう。理工系の学者できわめて高度な数学を日夜駆使している人でも、即答できる人は少ないと思います。

理由はよく分からなくとも、それは一時棚上げして、とにかく使い方を丸暗記し、そして先に進めばよいのです。実は、われわれはこの方法を日常的に頻繁に使っています。

「一度つまずいたらその先が分からなくなる」というのは、数学という教科の問題でなく、人間の心理の問題です。つまり単なる劣等感だ、との意見があります。私も、この見方に賛成です。

実際、数学の先生で、「基礎からやらずに真ん中からやれ」と忠告している人もいます。数学の勉強で基礎を十分に理解してからなどと考えたら、いつになっても進めません。基礎ほど難しいものはないのです。

第４章のまとめ

1. 勉強すべき内容のコアは確立されており、あまり変化しません。

2. 入学試験などでは、コア以外の問題はまず出ません。難問奇問ばかり出せば批判されるからです。

3. コアを見出す方法はいくつかあります。過去問勉強法はその一つです。ただし、これはかりやっていると、将来伸びない「受験秀才」になります。

4. コアを見出すには、全体を把握しなければなりません。そのため、途中で分からないことがあっても、できるだけ早く進む必要があります。

第５章

変化するビジネスのコアをつかむ

ビジネスでも、コアは全体の2割程度です。そして、それが重要度においては8割程度の比重を持ちます。ただし、勉強の場合とは違って、コアを見出すのは容易ではありません。また、コアは固定しておらず、変化します。こうした事態にどう対応したらよいのでしょうか?

◇◇◇◇◇◇◇◇◇◇◇◇◇

1　エクセレントカンパニーは集中する

アップルは製品でも業務でも集中している

2：8法則は、ビジネスにももちろん適用できます。仕事の順番などの日常的作業への応用は、第1章で述べました。この章では、企業の立場から2：8法則をどう活用すべきかを考えることとしましょう。

コアへの集中によって成功した企業の代表例として、アップルがあります。同社は、従業員数や売上高で表される「規模」を見ると、あまり大きな企業とは言えません。

それにもかかわらず、企業の価値を表す時価総額を見ると、同社は、現在世界第1位です。つまり、一人あたりの時価総額がきわめて大きくなっているのです。

では、アップルの企業価値がこのように大きいのは、なぜでしょうか？　ポイントは、「コアへの集中」です。

アップルの場合、専門化・集中化は、ドラスチックな形で実現しています。エレクトロニクス製品を広く生産するのではなく、iPhoneなどの特定の製品に特化しています。そして、当該製品については、大きな市場シェアを持っています。日本の総合電機メーカーが、家電製品から重電機器にいたる広範囲の分野でさまざまな製品を手がけているのとは異質です。

それだけではありません。アップルは、「業務」または「プロセス」においても集中しているのです。

最近の企業戦略として、「アンバンドリング」と「アウトソーシング」が強調されます。前者は「それまで一つの企業で行なってきた業務を、機能別に分解すること」であり、後者は「基幹的な業務以外のものを外部業者に委託すること」です。この結果、企業は重要な業務だけに特化することが可能になりました。

アップルについて具体的に見れば、つぎのとおりです。例えばiPhoneが完成するまでには、さまざまな業務があります。大まかに言っても、製品の開発、基本設計から始まって、部品の製造、組み立て、そして宣伝、販売があります。

これまでは、これらすべての業務を一つの企業が行なっていたのですが、アップルはこれらの業務を分解しました（「アンバンドリング」）。そして、部品の製造から最終組み立てにいたる「製造」の過程は「アウトソース」したのです。

製造を実際に担当しているのは、世界中の企業です。韓国、中国、そして日本のメーカーも含まれます。最終的な組み立ては、中国にある「フォックスコン」という企業が行なっています。したがって、アップルは工場を持っていません（このようなメーカーを「ファブレス」と言います）。

アップル自らは、開発と販売という高付加価値業務に特化しています。これがコア業務であり、それによって利益を得ているのです。

アップルは、中国をはじめとする新興国の安い賃金を用いて製品を作り、それを所得の高い先進国で売っています。利益が驚異的な水準に達するのは、こうしたビジネスモデルを採用しているからです。

アップルの成功は、新興国が工業化した後の先進国においても、製造業が高い利益率を上げうることを示しました。ただし、それは、従来とは異なる生産方式を採用したからです。つまり、先進国の製造業は、従来とは異なるビジネスモデルを採用しなければならないのです。

水平分業化する製造業

エレクトロニクスや家電製品などでは、部品の独立性が高く、互換性があるため、複数の企業が市場を通じて分業する形態が進んでいます。

伝統的な製造業では、巨大企業が製造過程のほとんどすべてを組織内で完結させていました。それに対して、新しい製造業では、製造過程は専門化した企業が市場を通じて結びつくことによって行なわれているのです。これが、現在生じつつある企業構造の大きな変化です。

これによって、各企業は、最も得意な分野に特化するようになりました。これこそが、効率性を向上させる基本的な要因です。つまり、あらゆることを組織内で処理する巨大組織の時代から、特定の業務に特化した多数の小組織が市場を通じて結びつく時代になったのです。

この分業体系において、供給メーカーの構成は、固定的なものではなく、他のメーカーへの切り替えが随時なされます。また、設計の変更によって、別のメーカーが採用されることもあります。つまりこれは、固定的な下請け関係による部品生産ではなく、「市場を通じて部品を調達する」方式なのです。これを「水平分業方式」と言います。

ここで、水平分業方式は、日本の自動車産業などで見られる「親会社と下請け」という系列関係とはまったく異なることに注意してください。親会社と下請け会社は、資本や人的関係で深くつながっており、市場を通じる自由な契約関係で結びついているわけではありません。系列でつながった企業集団は、一つの巨大企業とみなすべきものであり、垂直統合生産方式の一種です。水平分業の場合には、企業間の関係は流動的であり、競争条件の変化などによって、協業する企業を選び直すことができます。それゆえにこそ、垂直統合では実現できない効率性と、変化に対する柔軟性を実現できるのです。

ここで重要なのは、製造過程だけを担当する企業が現れたことです。エレクトロニクス産業の場合、そのような企業は「ＥＭＳ」と呼ばれます。ＥＭＳは自社ブランドでの生産は行なわず、複数のメーカーから受託して、電子機器の量産を行なうメーカーです。

ＥＭＳの典型例は、アップルのiPhoneやiPadなどを生産している富士康科技集団（フォックスコン）です。同社は、ＥＭＳの世界最大手である台湾の鴻海《ホンハイ》精密工業の中核子会社で、従業員は１００万人を超えると言われています。こうした企業が登場したために、アップルは工場設備を持たず、製造要員のコストをかけずに、デザイン、設計、マーケティングなどに集中できるのです。

これが製造業の新しい姿です。コストの低い単純労働力が使える時代になったのだから、それを使う。しかも、それらとの関係は固定化せず、条件の変化に応じて見直し、つねに最適な相手と取り引きするのです。

スマイルカーブ論

「スマイルカーブ」という概念があります。これは、台湾のPCメーカー、エイサーの創始者であるスタン・シーが、1990年代の末に提唱したものです。

彼は、PCの製造過程での付加価値を例にとって、「製品の開発段階は高収益だが、生産・組み立てという製造工程は低収益。そして、販売・アフターサービスは高収益」と指摘しました。このことを図示する曲線は、笑顔のときの口の線に似ていることから、「スマイルカーブ」と名づけられました。

製造業のコア業務は、企画開発と販売なのです。

しかし、そうは分かっていても、これまでは、製造工程をも自社で行なわざるを得ませんでした。他社に委託しても高いコストがかかってしまうからです。

新興国がこれを引き受けるようになって、事態が大きく変わりました。先進国の企業は、コア業務だけに特化すればよくなったのです。

コアへの特化は、ますます重要な課題になりました。そのため、「何がコアなのか?」をつかむ必要性が、ますます重要になっています。日本企業の大きな問題は、コアへの特化ができていないことです。

日本企業の多くは円安などの外部環境に甘え、変化に対応する改革を怠ってきました。円安が進行すると、従来のビジネスモデルのままでも、利益が増えてしまうからです。円安になると、ドルベースでの売り上げが変わらなくとも、円ベースでの売り上げは増加します。他方で、国内で調達する原材料や国内で支払う賃金は変わりません。このため、円ベースでの利益が増えてしまうのです。新製品が開発されたり生産の効率が上昇したりしたわけではないのに、利益が増えます。これは、本当の意味での利益増ではありません(ドルベースで以上のことを述べれば、売り上げが不変で国内賃金が下落するため、利益が増えるのです。つまり、日本の労働者のドルベースでの賃金が下落することが、企業の利益が増加する基本的な原因です)。

リーマンショック前の日本がそうした状態に陥ったことを、拙著『変わった世界 変わらない日本』(講談社現代新書、2014年)の第5章で指摘しました。ここ数年の円安によって、その状況が繰り返されようとしています。アベノミクスがもたらす最も深刻な問題は、この点にあります。

2　ビジネスのコアは変化する

事業環境は変化する

しかし、ビジネスへの2：8法則の適用は、勉強の場合より難しい課題です。なぜなら、コアが何であるか見出すのは、容易ではないからです。

「入試問題は人間が出すが、ビジネスの問題は神様が出す」といってもよいかもしれません。あるいは、「買い手」という得体のしれない相手が、問題を出しているのです。こうした状況ですから、正解がない場合すらあります。

事実、正しいコアの選択に失敗した失敗例は、山ほどあります。

最近の例で言えば、薄型テレビ生産のために大規模な工場をリーマンショック前に建設したシャープとパナソニックがその例です。どちらもアップルのような水平分業化を行なわず、垂直統合の権化のような巨大工場を建設したのです。パナソニックの場合には、液晶テレビでなくプラズマテレビを選んだという製品選択の誤りもありました。

しかも、状況は固定的でなく、変化します。技術進歩や人々の好みの変化により、あるいは世界情勢の変化により、「昨日重要だったものが今日は重要でなくなる」といった事態は頻繁に生じます。勉強のコアは固定的であるのに対して、ビジネスのコアは動くのです。ですから、一度は成功しても、その成功が永続するとは限りません。

電信から電話へ、そしてインターネットへ

ビジネスにおけるコアの把握がいかに難しいか、それは、電話をめぐるビジネス史が明白に物語っています。

電気的な通信手段としては、電話に先立って、電信が1830年代に商業化されました。アメリカでは、51年に複数の電信会社が合併して、「ウェスタン・ユニオン」社が誕生しました。電信の用途は広がり、経済活動に欠かせない道具になりました。そして、同社は、全米第1の大企業となったのです。

こうした状況の中で、1876年に、アレグザンダー・グラハム・ベルが電話を発明しました。77年に、ベルは、ウェスタン・ユニオン社に電話特許を売却しようとしたのですが、同社社長のウィリアム・オートンは、この申し出を拒絶しました。彼は、「電話はおもちゃでしかない」と考えており、その巨大な潜在力を評価できなかったのです。つまり、「将来の電気通信のコアは電信でなく電話になる」ことを見抜けなかったのです。オ

ートンの決定は、「ビジネス史上最も愚かな決定」と言われます。

電信が担ってきた電気通信は、その後、電話に取って代わられ、1885年に、ベルを中心とした企業グループが統合して、AT&Tがスタートしました。そして、同社は20世紀において、アメリカ最大、史上最大の企業になったのです。

ところが、巨大化したために同社は反独占訴訟に直面することとなり、1984年に成立した司法省との和解（同意審決）によって、分割されます。この分割で、AT&Tは、研究開発・機器製造・長距離通信が電話事業のコアであると考えて残し、地域電話会社を手放しました。しかし、この事業選択は、失敗だったのです。電話事業のコアは、実は地域通信にあったのです。実際、長距離分野には、MCIやスプリントなどの新興企業が参入し、競争が激化して利益を出せなくなってきました。

状況打破のため、AT&Tは、「長距離中心」というそれまでのビジネスモデルから転換し、CATV回線を市内加入者回線として利用し、さらに、インターネットのインフラとしても活用するというビジョンを描きます。それを実現するため、98年から1000億ドル近くにものぼる大規模な買収戦略を展開しました。

ところがその後、圧縮技術が進歩したため、電話線でも大容量の情報を送れるようになりました。そして光ファイバーケーブルが普及し、さらには無線でも大容量の通信ができるようになりました。しかも、買収したケーブルの改善のために、巨額の投資が必要になりました。こうして、負債の重圧から、AT&Tはバラバラに分解されて売りに出されたのです。他方で、かつてはAT&Tの一部であった地域電話会社は安泰でした。AT&Tは、最終的には、そのうちの一つであるSBCコミュニケーションズに買収されることとなったのです（ただし、AT&Tという社名は継続）。

電話もインターネットもブラック・スワンだった

右に見た失敗の原因は、新しく登場した技術を正しく評価できなかったことです。ウェスタン・ユニオンは電話を、そしてAT&Tはインターネット（とりわけ、ケーブルを用いなくても大容量通信を可能とする技術）を。

これらは、登場することが事前には予測できない技術でした。登場してから後も、まったく新しいものだったので、その潜在力を正しく評価できなかったのです。

ウェスタン・ユニオンのオートンが電話を「おもちゃだ」と言ったのを、われわれは笑うことはできません。最近の事例で言えば、仮想通貨はきわめて重要な技術革新であるにもかかわらず、日本のメディアは、「いかがわしいもの」という立場からの報道しかしていません。第7章で紹介するタレブの言葉を用いれば、これらの技術は、「ブラック・スワン」なのです。

ＩＢＭは変化に対応できた

新しい技術の予測が難しいのであれば、ビジネスは変化に対してまったく対処しようがないのでしょうか？　決してそうではありません。つねに状況の変化に注意を払い、新しい重大な変化が生じたらそれに柔軟に対処することは、不可能ではありません。大地震は起こってしまってからでは対応できませんが、ビジネス上の変化なら、起こってから後に対応することができます。

実際、大変化に対応できた例もあります。その例としてしばしばあげられるのが、ＩＢＭ社です。同社は、大型コンピュータの時代に先端的なテクノロジーで他社を圧倒し、1960～70年代のコンピュータ世界市場で、70％超という驚異的なシェアを実現しました。しかし、80年代になってＰＣ（パソコン）が登場すると、大型コンピュータは売れなくなり、ＩＢＭは倒産の瀬戸際にまで追い詰められたのです。

そこに求められて登場したのが、ルイス・ガースナーでした。彼がＩＢＭのＣＥＯに就任したとき、ＩＢＭには2つの選択肢がありました。第1は、失敗を取り戻すことです。ＩＢＭは、ＰＣ開発の初期にＯＳ（基本ソフト）とＣＰＵ（中央演算処理装置）を外注したため、支配力を失っていました。そこで、これらを改めて自社開発しようとする路線が考えられます。しかし、ガースナーは、この路線は採用しませんでした。

彼が採用したのは、第2の選択肢であるビジネスモデルの転換です。ガースナーは、「顧客中心のコンピュータ・ソリューションの提供」を目的としたのです。これは、システム構築からコンピュータの管理・運用・維持・補修にいたるまでのすべてを、顧客の側に立って引き受ける統合的なサービスです。

しかし、この方針に対しては、社内の関連部門から猛烈な反発と抵抗が生じました。ビジネスモデルの転換とは、社内の反対勢力との戦いに他ならないのです。しかし、ガースナーは反対勢力の説得を続けて協力の取り付けに成功し、IBMのビジネスモデルを大きく転換させたのです。IBMは、黒字に転換し、その後の経緯も順調でした。同社は、いまでも超優良企業として存続しています。

もちろん、こうした転換は、いつもできるわけではありません。実際には、できない場合が普通だと言えるでしょう。最近の日本で言えば、本節冒頭で述べたシャープやパナソニックが選択を誤った例です。

3　ビッグデータをビジネスに活用する

ビッグデータが利用できるようになった

経営者の判断は、直感や日常的観察に基づいている場合も多いでしょう。もちろん、それらは必要ですが、それだけで十分ではありません。

データを収集し、分析することが必要です。ガースナーもその重要性を強調しています。彼は、「ビジョンを作るだけであれば実に簡単なことだ」と言っています。そして、「必要なのは、大量の数量を分析することから始まる戦略だ」と言うのです。

ビジネスのコアは業種や地域によっても違うため、容易に見出せません。これを見出すためには、データの活用が不可欠です。「売れ筋」商品が何か、重要な顧客は誰か、等々の問題に関して、思い込みや惰性を排して、客観的なデータで調べるのです。

マーケットリサーチの重要なポイントは、コアである2割が何であるかを知ることです。マーケットの動向をまんべんなく知ることではありません。

ところで、これまでこうしたデータを得るためには、アンケート調査などに頼らざるを得ず、かなりの費用がかかりました。

しかし、情報通信・処理技術が著しい進歩を遂げたことによって、これまでとは桁違いに多くのデータを入手することができるようになったのです。インターネットやセンサーから時々刻々と大量のデータが生成され、取得、蓄積されているからです。具体的には、検索履歴のデータ、ウェブ閲覧の履歴データ、オンラインショップでの購買履歴データ、「フェイスブック」などSNS（ソーシャル・ネットワーキング・サービス）に書き込まれるデータ、クレジットカード決済履歴データ、広告配信データ等々があります。

これらは、「ビッグデータ」と呼ばれています。それがどのように活用されているかを簡単に説明しましょう。

ビッグデータとは何か

どのくらい大きなデータを「ビッグデータ」と呼ぶのでしょうか？

日本の企業のDWH（データウェアハウス。統合業務データの倉庫）の容量は、4〜5年前までは、数テラバイトの場合が多いと言われていました（1テラバイトは、約1000ギガバイト）。ビッグデータに関して正確な定義があるわけではないのですが、1ペタバイト（約1000テラバイト）を超える規模のデータを「ビッグデータ」と言う場合が多いようです。

バンク・オブ・アメリカのＤＷＨは１・５ペタバイト程度と言われます。ウォルマート・ストアーズのものは２・５ペタバイト程度、オークションサイトのイーベイでは６ペタバイト程度のデータを保有していると言われます。

ビッグデータは、表計算などで扱っている数値化されたデータであるとは限りません。テキスト、音声、画像、動画などのさまざまな形態のデータもあります。これらのデータをさまざまな手法によって分析し、ビジネスに活用する動きが広まっています。

ビッグデータで個人対応ビジネスが可能に

従来のデータ分析では、サンプリングデータ（標本データ）という、全体（母集団）から見れば一部のデータを用いて、全体の姿を推測する方法が主流でした。ところが、ビッグデータでは全体のデータそのものを利用することが不可能ではありません。そのため、推測による誤差や不正確さなどを排除することができます。

これまでは、多くの場合に、顧客全体を一括して捉えることしかできませんでした。コストをかけてマーケットリサーチをしても、「性別、年齢別」などという大きな括りでしか捉えられなかったのです。しかし、ビッグデータを用いれば、個人個人についての購入行動を分析することが可能になります。そして、個人ごとに異なる企業戦略を取ることが可能になるのです。

例えば、グーグルは、検索やGメールによって取得した膨大なデータを蓄積し、これを利用した広告ビジネスを行なっています。また、フェイスブックなどのソーシャルメディアは膨大な会員データを持っており、これを用いた広告で収益を上げています。

さらに、アマゾンや楽天などのオンラインショップでは、購買履歴やサイト内のアクセス情報などのビッグデータをもとに、「レコメンデーション（お勧め）」を表示しています。

ビッグデータのビジネスへの利用は、これにとどまりません。

損害保険会社は、カーナビのGPSで得られる情報から契約者の運転状況を詳細に把握し、契約者ごとに異なる料率を設定する保険商品を開発しています。

ソフトバンクでは、「ヤフー」から得られるビッグデータを利用して、他社からソフトバンクの携帯に乗り換える可能性の高そうなユーザーを見出し、そうした人々に対して個別に案内と値引きキャンペーンを行なっています。

ビッグデータでコアの変化を把握する

ビッグデータを用いれば、「コア」である商品や顧客を正確に把握することができ、コアが変化する場合にも的確に対応することができます。

コンビニエンスストアでは、ポイントカードから得られる情報を用いて、消費者の購買行動を予測しています。コンビニエンスストアでは、これまでも、ＰＯＳシステム（商品の販売情報を記録し、在庫管理などに用いるシステム）を用いて売れ筋商品の分析をしてきたのですが、誰がその商品を買ったかまでは把握できませんでした。しかし、ポイントカードでは年齢や住所などが登録されているので、個人を特定できるのです。

こうして、年齢層ごとの詳細な購入行動が明らかになったので、特定の年齢層が多い地域の店舗では、それに対応した品揃えの強化をはかり、陳列方式を最適化するようになりました。

ローソンは、糖質を以前より抑えた「ブランパン」を製造・販売していましたが、会員カード「ポンタ」のデータを分析したところ、ダイエット意識が強い女性客にとどまらず、糖尿病などを心配するシニア層の男性にも人気があることが分かりました。これを目当てにローソンに来店する「マグネット商品」になっていたのです。そこで、製法を改良して、糖分をさらにカットしたそうです。

最近の日本の社会構造の大きな変化は、シニア層の比率が増えていることです。つまり、「コア」である購入者が変化しているわけです。ビッグデータの活用によって個々の消費者が求めているものを販売することができるようになり、変化するコアへの対応が可能になっているのです。

ニューラルネットワークによる予測

ビッグデータを分析するための理論も発展しています。それによって、これまで予想できなかった新たなパターンやルールを発見することができるようになりつつあります。

従来は、データを用いて予測するために、回帰方程式の手法が用いられてきました。これは、データがある一定の傾向に従うと仮定し、その傾向線をデータから推定するものです。推定された傾向線を用いて、予測を行ないます。

しかし、ビッグデータを用いれば、これとは異質の予測手法を用いることが可能になります。その一つとして、「ニューラルネットワーク（神経系ネットワーク）」という機械学習の手法があります（イアン・エアーズ『その数学が戦略を決める』文藝春秋、2007年）。

これは、もともとは人間の脳の学習プロセスを分析するために作られたものなのですが、大量のデータが容易に入手できるようになり、また、それを処理するためのコンピュータの能力も向上したため、予測に用いられるようになりました。

人間の脳にある神経細胞は、刺激を受けると、隣の神経細胞に信号を送ったり送らなかったりします。人間が学習すると、神経細胞の反応の仕方が変わります。例えば、子どもが熱いストーブにさわってやけどしそうになったとします。つぎに熱いストーブを見たときには、その経験の学習効果で、ストーブには手を出さないようになるのです。

「ニューラルネットワーク」は、これと同じような学習をコンピュータに行なわせようというものです。システムは、一連の相互接続されたスイッチから形成されています。個々のスイッチは数学的な方程式で、神経細胞と同じく、情報を受け取り、複数の入力を重みづけすることによってそれを評価し、つぎのスイッチに情報を送るか否かを決定します。

このようなスイッチが多数あり、それらからの出力が最後のスイッチに入力され、ネットワーク全体としての予測を出力します。回帰分析の手法では1本の回帰方程式を用いて予測するのですが、ニューラルネットワークでは多数の方程式（スイッチ）から結果を導くのです。

スイッチが複数の入力を評価するときの重みづけは、最初はランダムに設定されます。そして、過去のデータを用いて、どの重みづけが最も正確な予測を出すかを調べ、調整していきます。つまり、学習によって予測の精度を上げるのです。

エパゴギクスという会社は、ニューラルネットワークの手法を用いて、映画の脚本だけで映画の興行成績を予測するサービスを提供し、すぐれた成果を上げています。同社の手法は、いまや映画産業にとって不可欠のものになっています。

こうした手法が進化すれば、「従来の方法では予期できなかったことを事前に知る」こともできるようになるでしょう。現在起こっていることを的確に把握し、流れの変化を予測し、そして事前にそれに対応するのです。

なお、ビッグデータの活用には大きなコンピュータパワーが必要であり、大企業でないと実現できないことと思われるかもしれません。しかし、クラウドコンピューティングの発展に伴い、中小企業であってもこうした技術を利用できるようになったことは注目すべきです。

4 重要性を増す経営者の役割

経営者が大局観を持つためには教養と歴史が重要

このように、コンピュータ時代の予測の手法は、著しく進歩しています。しかし、それによって未来を完全に予測できるわけではありません。いかに大量のデータが利用できるようになり、いかにコンピュータの能力が向上したところで、予測できない部分が残ります。それに、コンピュータの予測は、あくまでも決定を行なうための参考資料にすぎません。最終的な決定は人間が行なうのです。

したがって、ビジネスにおける経営者の役割は減少しません。むしろ、その重要性はますます高まるでしょう。

その際重要なのは、全体についての俯瞰図を持つことです。これまで述べてきたように、全体像を捉えなければ、重要な部分がどこにあるかは分かりません。経営者にとっていちばん重要なのは、このような大局観を持つことです。

しかし、日常業務に追われていると、「木を見て森を見ず」といった事態に陥りかねません。ですから、ときどきは、日常的な生活から離れて、全体を見渡す時間を作るべきです。これは、経営者にとって、大変重要なことでしょう。

これに関連して、教養と歴史の重要性を指摘したいと思います。

「教養」とは、全体を俯瞰することです。大学の前期課程は「教養課程」とされているのですが、そこで学ぶべきことは、後期課程での専門化に先立っての全体的判断です。これは、「専門バカ」にならないために必要なことです。

古典は、学問が現代のように専門化し細分化していなかった時代の知を表しています。ですから、古典をいま読むことは、全体像を把握する上で、有用です。

歴史は、教養の中で重要な地位を占めています。技術が進歩し、資本蓄積が進んでも、社会活動とは、所詮人間集団の営みだからです。権力者や大国が勃興し、滅びるさまを見ると、現代社会の把握にも、重要な示唆を与えてくれます。

第2章の1で、多くの人は些細なこととの処理に一日の時間の大半を使っているが、本当に必要なのは、重要な事案に集中することだ、と述べました。

このことは、経営者にとっては、きわめて重要なことです。組織のトップにいる人々は、毎日いくつもの会議をこなし、何人もの面会者と会わなければならないでしょう。しかし、分刻みのスケジュールで毎日を過ごしていては、重要な事案について考え抜くことはできません。

現実の経営問題に直接関係はないにしても、歴史書を読み、教養を深める時間を見出し、それによって大局的な判断を確かなものにすべきです。

中間管理者や最前線ビジネスパーソンのコア発見法

以上で述べてきたのは、企業全体のビジネスモデル選択にかかわることです。

これは、企業に働くすべての人が考えるべき課題ですが、現実には、多くの人にとって遠大すぎる目標かもしれません。経営資源の「選択と集中」に関する決定は企業トップが行うことで、中間管理者や現場の最前線で働いているビジネスパーソンには無縁だと考えられている場合が多いでしょう。

中間管理者や現場の最前線ビジネスパーソンは、経営者のように企業の方向性を決める意思決定はできません。しかし、それぞれのポジションに応じた「コア」が存在し、経営資源の「選択と集中」が求められます。持てる時間には限りがあり、部下などの人材資源にも限りがあるという点では、経営者も中間管理者も同じです。

以下では、中間管理者や現場の最前線ビジネスパーソンを頭において、ビジネスにおけるコアをいかに発見できるかを考えることとしましょう。

第1に、自分が担当している事業について、できる限りデータを用いて定量的に把握する必要があります。

日本企業の実情を見ると、日常業務のレベルにおいてデータを有効に活用しているとは、お世辞にも言えません。確かに一昔前まで、データの分析は簡単なことではありませんでした。しかし、いまや、エクセルなどの表計算ソフトを用いれば、数字の処理は、誰にでもごく簡単にできます。

その際、難しい統計学の手法は必要ありません。昔なら回帰分析や有意度検定をしましたが、いまではデータのグラフ表示が実に簡単にできるので、それだけで、多くのことが分かります。グラフ化されたデータは、日常業務を漠然と観察しているだけでは気が付かないことを知らせてくれることがあります。エクセルのグラフとは、プレゼンテーションの際のカザリではなく、問題を発見するための道具なのです。

例えば、2人の部下の成績を数字で表し、時間的な推移を図示してみると、あまり大きな差がないと思っていた各々の成績動向に傾向的な差が生じているかもしれません。あるいは、自分の部署の成績を時系列的に示してみると、どこかで急に傾向が変わっているかもしれません。それは、何かが起きていることを示しています。他のデータの傾向図と比べてみると、原因がつかめるかもしれません。

ただし、言うまでもないことですが、エクセルのグラフだけでコアがすべてつかめるわけではありません。では、数値で表しにくいものについてコアを見つけるには、どうしたらよいでしょうか?

こうしたものについても、ノウハウがあるはずです。あなたの職場を見渡してください。ヒット商品や企画を連発したり、どの地域を担当しても必ず一定の成績を上げる人がいます。こうした人々は、コアを見抜く「嗅覚」や「眼力」を持っているのでしょう。

ただし、コアが固定している「勉強」や、シンプルな方法でコアが自動的に浮かび上がってくる「整理」の場合とは違い、この人たちが持っているコア発見法は、簡単には言葉に表せない「見えない方法」であり、多分に名人芸的なものでしょう。

不幸にしてあなたがそうした名人芸を授かっていなかったとしても、こうした人たちを見習うことはできます。教えを乞い、アドバイスを求めればよいのです。ただし、相手は忙しい人でしょうから、あなたの教育にあまり時間を割いてくれないかもしれません。

それなら、盗めばよいのです。昔から、名人芸は教えてもらうものではなく、盗むものだったではありませんか。「名人芸伝達研修プログラム」なんてものはなかったのです（いまでもありえないでしょう。「ビジネスのコアを3時間で発見するための講習」などというものがあったら、インチキに決まっています）。

現代のエリート・ビジネスパーソンとは、エクセルでグラフを表示しまくるとともに、師匠のコア発見術を盗んで回る人々です。

第5章のまとめ

1．ビジネスの世界も、2：8法則が支配しています。「コア」を見出し、それに集中した企業が成長しています。その典型がアップルです。同社は、まず製品においてiPhoneなどの少数の製品に集中しています。それだけでなく、業務においても、製造過程を切り離し、開発と販売に集中しています。

2．ビジネスが勉強と違うのは、コアを見出すことが容易でなく、しかもそれが変化することです。ビジネスの歴史を見ると、将来のコアとなる新しい技術の潜在力を見抜けなかった例がいくつもあります。ただし、状況の変化をつねに把握し、重要な変化が生じたときに柔軟に対応すれば、この問題に対処することができます。経営者に求められる最大の課題は、そうした判断を行なうことです。

3．ビジネスにおけるコアの発見とその変化の把握には、データの活用が必要です。最近、ビッグデータと呼ばれる大量のデータを利用することが可能になりつつあります。これを適切に利用すれば、変化するコアを把握することが可能になります。

4. 変化するビジネスのコアを正しく捉えるのは、経営者の重要な役割です。中間管理者や最前線でもコアの発見に努める必要があります。

第６章

世界は偏っている

これまでの章で、「コアに集中せよ」と述べてきました。では、世の中の現象には、どれもコアがあるのでしょうか？　この章では、多くの現象に関して、分布は不平等であり、「コア」と呼べるものがあることを示します。

◇◇◇◇◇◇◇◇◇◇

1　資産分布にはパレートの法則が成り立つ

パレートの法則とは

これまでの章で述べてきたことは、出任せや当てずっぽうではありません。理論的な根拠があることです。世の中の事象の多くは、平等に分布しておらず、偏っているのです。

この事実は、最初、所得や富の分布について、イタリアの経済学者ヴィルフレード・F・D・パレート（1848〜1923年）が1897年に見出しました。このため、この分布は、「パレート分布」と呼ばれます。また、本章の4で述べるように、「べき乗分布」と呼ばれることもあります。

図表6－1に示す世帯別の所得の分布は、パレート分布（べき乗分布）の例です（この図

図表6-1　パレート分布（べき乗分布）の例

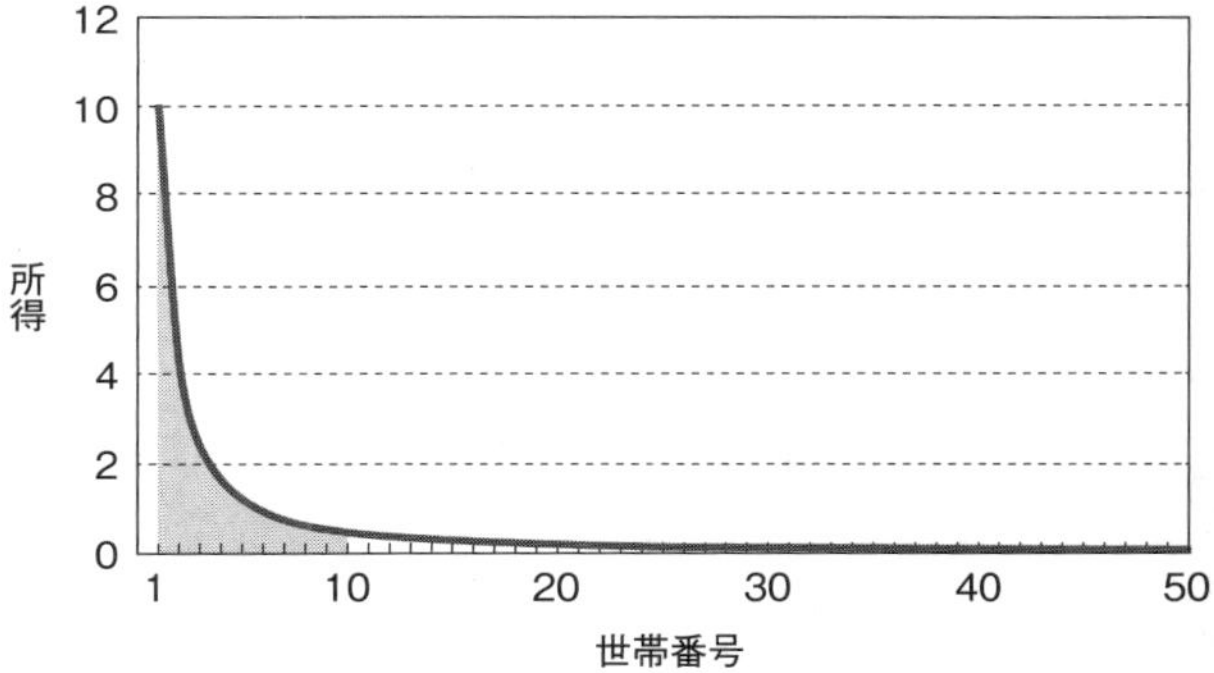

では、上位2割の世帯でグラフ下の面積の8割になるように係数を決めています）。

所得や富は、平等に分布しているわけではありません。全体の2割程度の世帯が高額所得世帯であり、彼らの所得や富が社会全体の所得や富の8割程度を占めているのです。この事実は、「パレート法則」と呼ばれます。税金については、上位20％程度の人が、税金総額の80％程度を負担しています。

このように、「世の中の現象の多くは、一様に分布しているわけでなく、偏っている」のです。世の中は、均質ではなく、不平等です。その結果、一部だけが不釣り合いに重要になっているのです。

このようなパターンは、時代や国に関係なく、どこでも観察されます。

もちろん、実際の値は、正確に2と8ではありません。これは、すでに第1章で述べました。重要なのは分布が偏っているということであって、どの程度偏っているかは、場合によって異なります。つまり、2割とか8割というのは、目安にすぎません。以下で見るように、実際は2割が6割から8割程度を占めることが多いのですが、正確な数字は、あまり重要でありません。要は、「少数のもので、ほとんどを占める」「重要なものは一部」ということです。

正規分布とパレート分布

ところで、世の中の多くの現象は、正規分布に従うことも知られています。これは、平均値のまわりに対称に散らばる分布です。その例を図表6－2に示します。例えば、あるクラスの学生の身長などは、正規分布に従います。

われわれは、統計学の時間に、正規分布について多くを学びます。このため、無意識のうちに、どんな分布も正規分布と考えがちなのですが、そうではないのです。

正規分布になるのは、何らかの制約がある場合です。例えば、人間の身長や体重には、明らかに生物的な制約が働きます。ですから、身長が3メートルというような大男はまず現れないのです。逆に、身長があまりに低ければ、生存することができないでしょう。し

図表6－2　正規分布の例

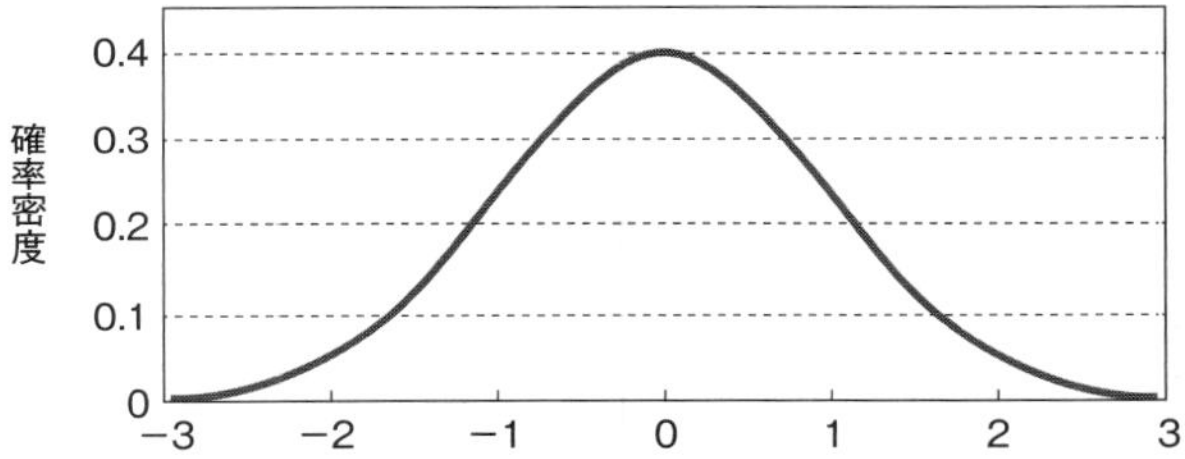

たがって、人間の身長はある程度の範囲に収まります。そして、こうしたものは、正規分布になるのです。

パレート分布が当てはまるのは、そうした物理的制約がない場合です。所得も富も、物理量ではなく、抽象的な概念です。そのために、分布が正規分布にならず、パレート分布になるのです（ただし、本章の4で述べるように、パレート分布は、自然現象でも観察されます）。

また、「ランダムウォーク」の結果が正規分布になることも知られています。これは、コインを投げて、表が出るか裏が出るかによって右か左に進むものです。何人もの人が何回もの試行を行ない、出発点からの距離を測ると、正規分布になります。

こうなる基本的な理由は、各試行が独立である（ある回に表が出るか裏が出るかは、前の回に表が出たか裏が出たかには無関係）ことにあります。独立でない場合、本章の5で述べる「マタイ効果」が働き、結果は正規分布ではなくなります。

2　ジップの法則とランクサイズ・ルール

単語の出現頻度はジップの法則に従う

「ジップの法則」というものがあります。これは、「出現頻度がk番目に大きい要素が全体に占める割合は、k分の1に比例する」という経験則です（Zipfは、「ジップ」でなく、「ツィプフ」、「ジフ」と呼ばれることもあります）。

ハーバード大学のジョージ・キングズリー・ジップが、1940年代に英語の単語の使用頻度とその順位に関して発見した法則です。

彼は、アイルランドの作家ジェームズ・ジョイスの『ユリシーズ』に使われた26万430個の英単語と、いくつかの新聞記事の4万3989個の英単語を分析し、単語の出現頻度について、つぎのことを見出しました。

第1位のtheは、全体の出現数の約10％を占め、第2位のofが5％を占めます。そして、第3位のandが3・3％という結果になったのです。つまり、theの頻度を1として基準にすると、2番目のofは2分の1、3番目のandは3分の1……となるのです。

図表6−3　日本の都市人口の分布

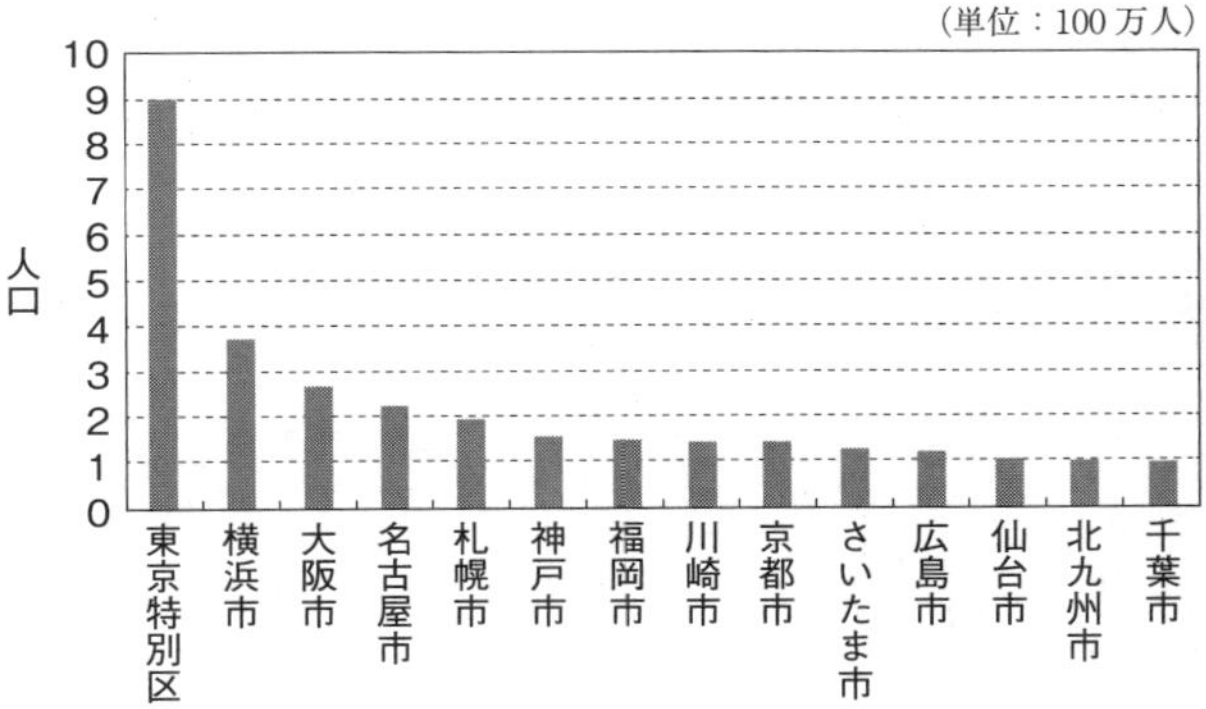

注：人口は、住民基本台帳に基づく人口。2014年1月1日現在。
資料：総務省自治行政局住民制度課「住民基本台帳人口要覧」

都市人口は、ランクサイズ・ルールに従う

「ジップの法則」は、「ランクサイズ・ルール」と呼ばれることもあります。

都市圏を都市規模の大きい順に順位付けをすると、多くの場合についてランクサイズ・ルールが成立していることが見出されます。

図表6－3は、日本の都市を人口の多い順に並べたものです。東京特別区の人口が約900万人と飛びぬけて多く、以下、横浜市、大阪市、名古屋市……と続きます。これは、典型的なパレート分布になっています（厳密に言うと、パレート分布の離散型になっています）。

ここに示した14都市の総人口は約309

図表6−4　人口における比率と順位の逆数の関係（ジップの法則）

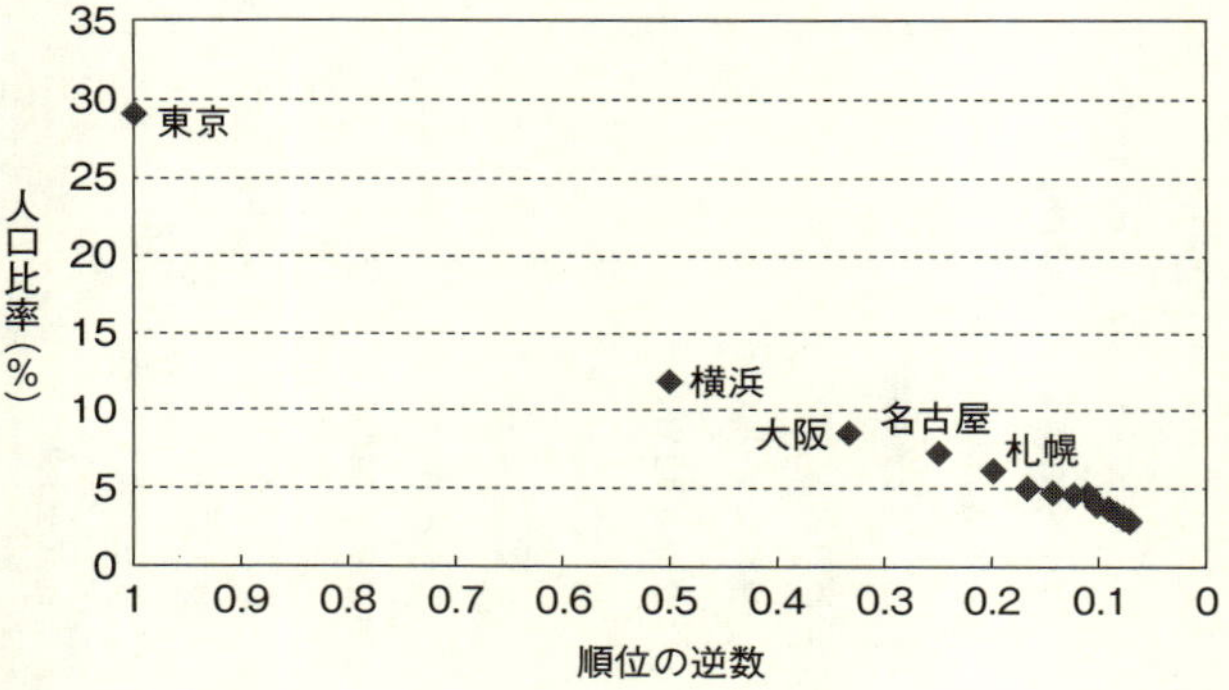

注：図表6−3のデータを用いて著者計算

0万人ですが、順番で見て上位約2割、つまり第3位までの都市（東京、横浜、大阪）の総人口は約1540万人であり、全体の約50％を占めています（つまり、2：8というよりは、やや集中度の低い分布になっているわけです）。

図表6−4は、人口における比率と順位の逆数の関係を示すものです（ここで、人口比率は、ここで取り上げた14都市の総人口に対する比率です）。

第1位の東京都区部は順位の逆数が1ですので、横軸のメモリが1のところに示してあります。縦軸（人口比）は29・1％です。第2位の横浜市は、順位の逆数が0・5ですので、横軸のメモリが0・5のところに示してあります。縦軸は12・0％です。以下、大阪、名古屋などが続きます。

これらの点を連ねていくと、ほぼ直線の上に乗っていることが分かります。つまり、人口における比率と順位の逆数はほぼ比例しているわけで、「ランクサイズ・ルール」または「ジップの法則」が成立していることが分かります（なお、図の右端では傾向線が急に落ち込んでいますが、これも多くの場合に共通してみられることです）。

都市人口の分布についてこれほど見事にジップの法則が成立しているのは、不思議なことのようにも思えます。ここでの都市人口は行政上の都市範囲で定義されているものであり、経済的な意味での都市範囲を取れば、結果が違ってしまうように思われるからです。例えば東京都の場合、特別区だけでなく市部の人口も加えれば、傾向線からはかなり離れたところに位置するでしょう。

しかし、特別区と市部が行政的に別の扱いになっているのは、理由があることとも考えられます。特別区だけを取り出した結果がここに示すようにジップの法則に従ったものになるのは、そのような必然性を表すものであると解釈することもできるでしょう。

この他にも、携帯電話会社のシェア、ウェブページへのアクセス頻度、音楽における音符の使用頻度などについて、ジップの法則が当てはまることが知られています。

3　働いているアリはいつも一部

働きアリの法則

長谷川英祐『働かないアリに意義がある』（メディアファクトリー新書、２０１０年）は、大変面白い本です。それによると、アリの社会では、いつも働いているアリがいる一方で、ほとんど働かないアリもいるそうです。ある瞬間で見ると、７割ほどの働きアリは、何もしていません。つまり、パレート法則が成立しているのです。

興味深いことに、働き者のアリだけを残したコロニーと怠け者のアリだけを残したコロニーを作ると、どちらの集団でも、一部がよく働き、一部はほとんど働かない。つまり、どちらの集団にもパレートの法則が成立します。

働かないアリが存在することには、意味があるのだそうです。第１に、アリも人間と同じように、働き過ぎると疲れる。第２に、卵の世話のように、短時間でも中断するとコロニーに致命的なダメージを与える仕事がある。このため、全員が一斉に働くシステムだと、仕事量が増えたときに全員が疲れてしまって、誰も働けなくなる。そして、卵の世話ができなくなってコロニーが絶滅する。

それに対して、働かないアリがいるシステムでは、それまで働いていたアリが疲れると、働いていなかったアリが働き出す。働かないアリは、怠けているのではなく、「働きたいけれども働けない」状態になっていたのです。

こうして、すべてのアリが必死に働くシステムよりも、働かないアリがいるシステムのほうが、平均して長くコロニーを存続できるのです。

コアメンバーは2割

「一部のメンバーがコア」というのは、人間の社会でも見られる現象です。

私の経験では、一つのクラスで、質問する学生は、全体の約2割。そして、彼らの質問が約8割を占めます。

会議で発言するのは約2割で、彼らの発言で会議の動向の約8割が決まる。他のメンバーはギャラリーです。

会社で重要な人は約2割で、彼らの貢献が約8割を占めます。あなたの部下が10人いるとすると、それら10人がすべて同じように重要なのではなく、コアは2人くらいなのです。彼らをうまく掌握できれば、8割方掌握できたことになります。営業マンのうち約2

割が、売り上げの約8割を稼ぎます。

サイト訪問者の上位2割が、アクセス総数の8割を占める場合が多いと言われます。年賀状や挨拶状を出す相手のうち、重要な人は多分2割くらいでしょう。その人たちをきちんと扱うべきです。すべての人に印刷物だけの書状を出すより、少数の人には書き入れをした書状を出すほうがよいでしょう。

電話やメールの連絡もそうです。2割の人との交信が8割程度を占めるはずです。同窓会も、来る可能性が高い人に間違いなく伝えることが重要です。知人の中の1割が、意味ある情報の9割程度を提供しているでしょう。

以上は、あまりはっきりしたデータで裏付けられていることではありません。それに、業種や企業によって、正確な比率は違うでしょう。重要なのは、「すべての人が等しく重要であるわけではない」ということです。

4 べき乗分布

地震についてのべき乗則

すでに述べたように、パレート法則、ジップの法則、ランクサイズ・ルールなどという法則がありますが、これらは、基本的にはすべて同じことを指します。統計学では、これらを「べき乗分布」という概念で捉えるのが一般的です。

これは、「ある量が観察される確率が、その大きさのべき乗（冪乗）に比例すること」を指します。数式で言えば、pを確率、大きさをx、Aとnを正の定数とするとき、$p=Ax^{-n}$で表される関係です。横軸にx、縦軸にpを取った図に描けば、xが1以上の場合、最初に急激に減少し、その後長い尾を引く形になります。前出の図表6－1に示したのが、その一例です。縦軸にpの対数、横軸にxの対数を取れば、右下がりの直線になります。後出の図表6－5がその一例です。図6－4に示したのは、xが順位で$n=1$の場合であり、横軸に$1/x$を取っています。

自然界や人間社会のいたるところにべき乗則が見られます。自然界で最も有名なべき乗則は、地震のエネルギー（マグニチュード）と地震の頻度についての「グーテンベルグ・リヒターの法則」です。これは、カリフォルニア工科大学の地震学者ベーノ・グーテンベルグとチャールズ・リヒターによって1950年代に発見された法則です。

図表6−5　グーテンベルグ・リヒターの法則
（地震の発生回数とマグニチュード）

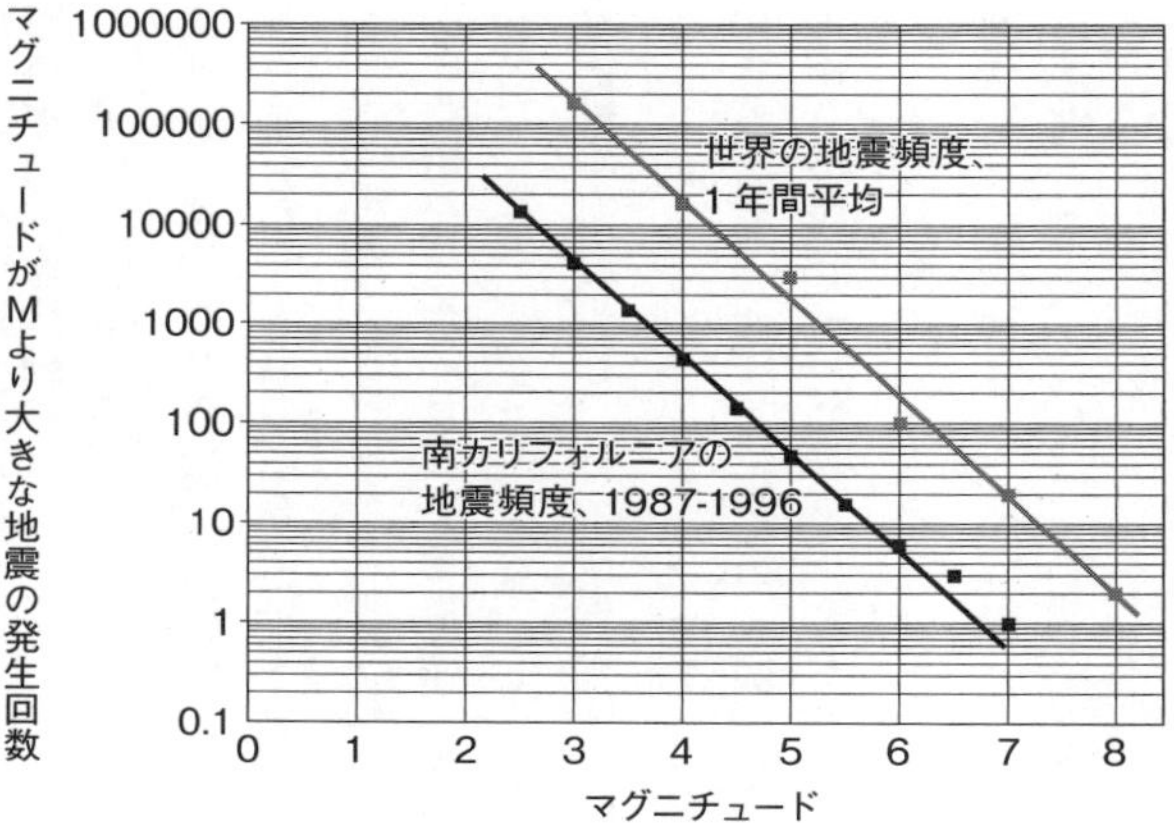

資料：Southern California Earthquake Center

図表6−5では、横軸に地震のマグニチュードM、縦軸にマグニチュードがMより大きな地震の発生回数の対数が目盛ってあります。[注1]

両者の関係は、きれいな直線になります。その傾きはマイナス1です。つまり、マグニチュードが1増えると、その頻度は10分の1になるのです。

南カリフォルニアの場合、マグニチュードが3より大きな地震は10年間で約4000回（つまり、ほとんど毎日）起こりますが、マグニチュードが4より大きな地震は約400回（10日に1回程度）になります。

自然現象には、べき乗則に従う現

象が数多く観測されます。

１９２２年にＪ・Ｃ・ウィリスとＧ・Ｕ・ユールは、生物の世界にべき乗分布が観察されることを見出し、「植物と動物の進化と地理的分布に関する統計とその重要性」という論文を、雑誌『ネイチャー』に発表しました。

いかなる対象がべき乗則に従うのか、なぜそうなるのか、といったことに関する研究が、現代科学の諸分野において活発に行なわれています。

第７章の２で説明するように、ナシーム・ニコラス・タレブは、その著書『ブラック・スワン――不確実性とリスクの本質』（ダイヤモンド社、２００９年）の中で、「月並みの国」（正規分布が支配する国）と「果ての国」（べき乗分布が支配する国）という区別をしています。[注2]

注１　マグニチュードＭとエネルギーＥの間には、logE＝4.8＋1.5Ｍという関係があります。「マグニチュードがＭより大きな地震の発生回数」をＮとすると、図表６－５のように、logＮとＭの間に直線関係があるので、logＮとlogＥの間に直線関係があることになります。べき乗分布に関する説明としては、つぎの文献を参照。M. E. J. Newman, "Power laws, Pareto distributions and Zipf's law" (http://arxiv.org/PS_cache/cond-mat/pdf/0412/0412004v3.pdf) なお、「２：８法則」は、対象がべき乗分布に従うときに当てはまります。ただし、正規分布であっても当てはまる場合がありえます。

注２　「国」というと、ある国ではすべてが正規分布、他の国ではすべてがべき乗分布であるような（誤った）認識を持ちやすいと思います。ある国に、正規分布に従う現象と、べき乗分布に従う現象が併存しているのです。

フラクタル性：部分が全体と同じ構造

べき乗分布が持っている興味深い特性として、「フラクタル性」があります（「自己相似性」と言われることもあります）。これは、「分布の一部を抜き出すと、全体と似た分布になる」ということです。

例えば、「都市人口について、ランクサイズ・ルール（またはジップの法則）が成り立つ」と本章の2で述べましたが、日本の中の一地域だけを取り出しても、ランクサイズ・ルールが観測されるのです。

図表6－6、6－7は、北海道の都市について、図表6－3、6－4と同じ関係を示したものです。図表6－6に示す都市別の人口の分布を見ると、札幌市の人口が群を抜いて多く、以下長く尾を引く分布になっていることが分かります。つまり、北海道だけをとっても、パレート法則が観測されます。

図表6－7では、図表6－4と同じく、横軸に順位の逆数を取り、縦軸に当該都市人口の総人口に対する比率を取っています（ここでは総人口として、北海道の都市人口の合計を取っています）。札幌が傾向線より上にある（あるいは、2位の旭川と3位の函館が傾向線より下にある）と考えられなくもないのですが、「全体としてほぼ直線の上に乗っている」と見ることが

図表6-6　北海道の都市人口の分布

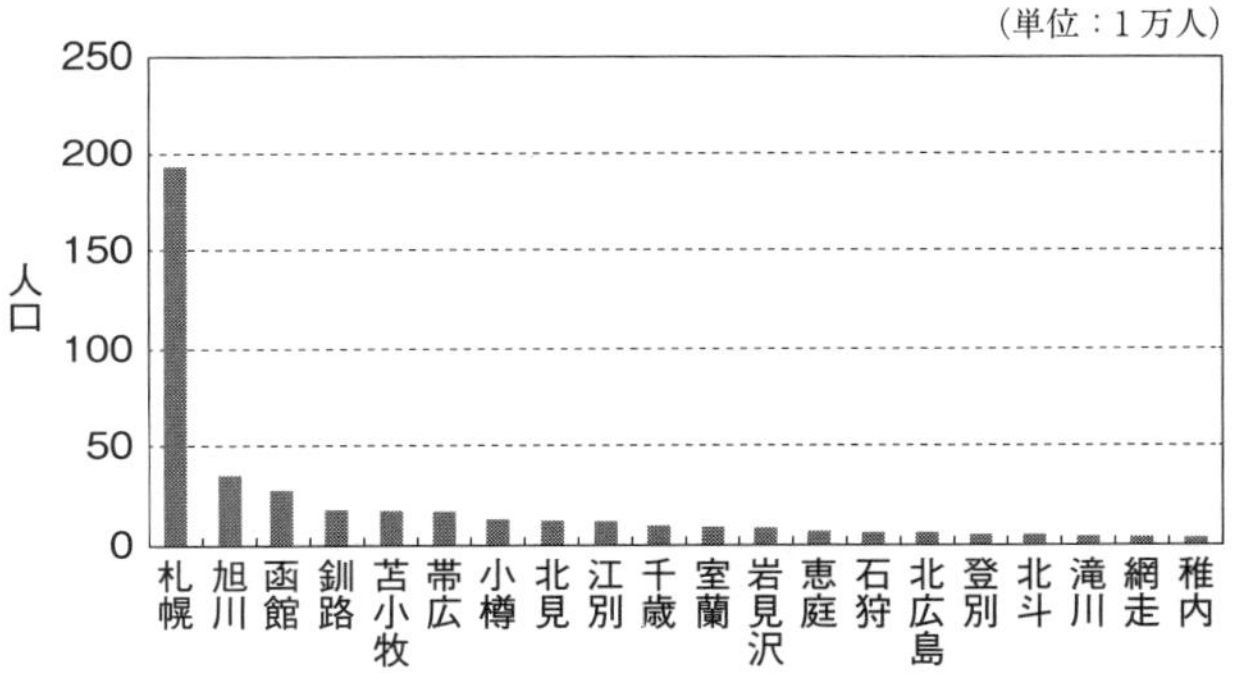

注：人口は、住民基本台帳に基づく人口。2014年1月1日現在。
資料：総務省自治行政局住民制度課「住民基本台帳人口要覧」

できるでしょう。

本章の3で、「働き者のアリ（または怠け者のアリ）だけを取り出したコロニーを作ると、一部がよく働き、一部はほとんど働かない」と述べました。これも一種のフラクタル性と言えるでしょう。さまざまな対象について、同様のことが観測されます。

そして、多くの場合に、この操作をいくら続けても、相似的な分布が現れます。つまり、いくら細部を拡大しても、全体と同じような構造になっているのです。

フラクタルという概念は、元IBMフェローのベノワ・マンデルブロが考え出したものです。きっかけは、シカゴ商品取引所での綿花価格の相場の変動グラフが、分単位、時間単位あるいは年単位というように時間の取り

図表6－7　人口における比率と順位の逆数の関係（北海道のみ）

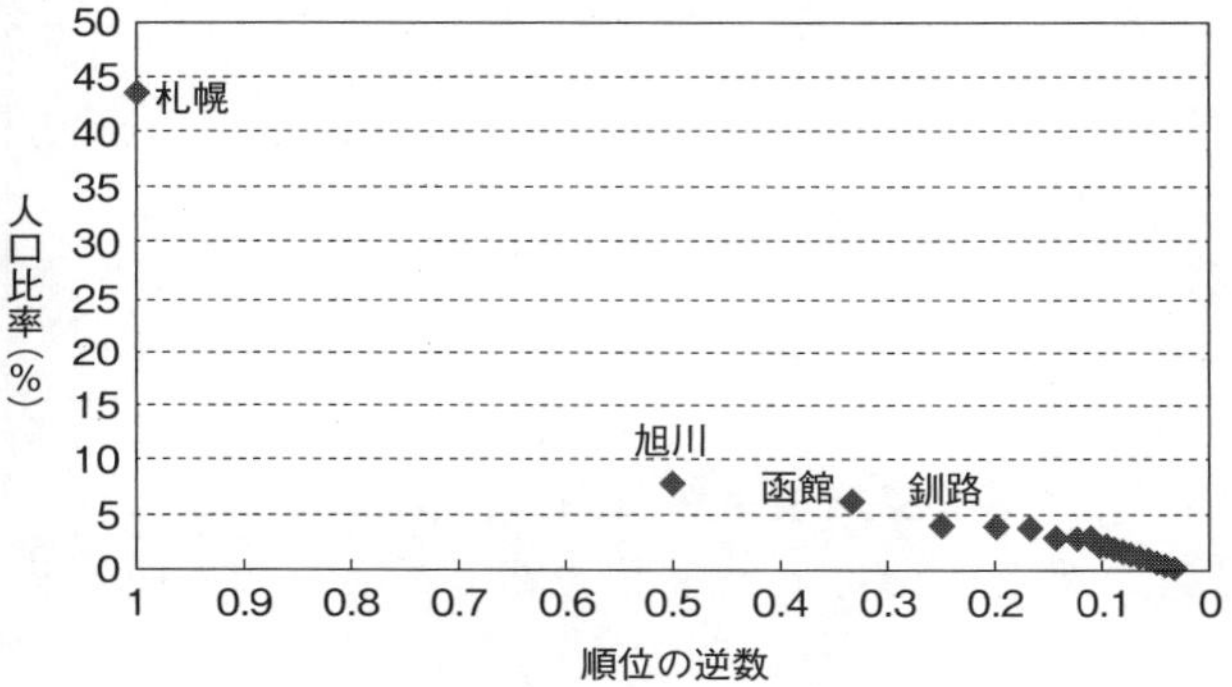

注：図表6–6のデータを用いて著者計算

方のスケールを変えても、同じようなパターンになるとの発見でした。

つまり、秒単位のチャートでも、分単位のチャートでも、時間単位や年単位でも、どれも同じように見えるのです。この性質は、「スケールフリー」とか「自己アフィン性」と呼ばれることもあります（ベノワ・B・マンデルブロ、リチャード・L・ハドソン『禁断の市場　フラクタルでみるリスクとリターン』東洋経済新報社、2008年）。

マーク・ブキャナンは、『歴史は「べき乗則」で動く——種の絶滅から戦争までを読み解く複雑系科学』（ハヤカワ文庫、2009年）の中で、これを「どんなスケールでも同じ風景になる」と表現しています。

5　なぜべき乗分布になるのか

「マタイ効果」で格差が拡大する

社会現象にべき乗則が成立する一つの説明として、「マタイ効果」と言われるものがあります。

これは、アメリカの社会学者ロバート・K・マートンが１９６０年代から70年代にかけて提唱した考えで、「自己強化的累積現象」とも呼ばれます。

マートンは、「条件に恵まれた研究者は、優れた業績をあげることによってさらに条件に恵まれる」という「優位性の累積」のメカニズムを指摘しました。

そして、新約聖書の「それ誰にても、有《も》てる人は輿《あた》へられて愈々《いよいよ》豊かならん。然《さ》れど有《も》たぬ人は、その有《も》てる物《もの》をも取らるべし」（マタイ福音書第13章12節）を借用して、このメカニズムを「マタイ効果」と名づけたのです。

研究者の場合にマタイ効果が生じるのは、成功した研究者には多額の補助金やよい研究設備が与えられ、さらによい成果を出せるようになるからです。つまり、最初に有利な立場に立つと、学者人生を通じてずっと追い風を受けられるというのです。このため、著名な研究者はますます功績を上げるのに対して、無名の新人科学者の論文は学術誌に受理されにくく、業績を発表することについて、著名科学者に比べて不利な位置におかれます。したがって、著名でない研究者はずっと功績を上げられません。こうして、研究者間の成果の格差は、拡大していきます。

マタイ効果は、知名度の高い科学者の貢献が迅速に他の研究者にも伝わるという点で、プラスの側面を持っています。しかし、権威の固定化という、マイナスの側面も持っています。

勝ち馬の交代現象も起きる

マタイ効果があると、格差が自己増殖する傾向が生じます。最初の小さな格差は、つぎの格差を生み出し、次第に大きな格差に変容します。

経済的格差も、同じようなメカニズムで拡大します。親が貧しかった者は高等教育を受けられず、そのため非正規の仕事にしか就けないという事態に陥ります。そこでの過酷な労働条件で病気になり、病気休暇が取れないので解雇される。そして、仕事がなくなったので家賃が払えず……というように、不利が不利を呼んでいくのです。

しかし、マタイ効果は、べき乗則が生じる唯一の説明ではありません。実際、マタイ効果だけがべき乗則を生み出すと考えると、勝ち馬はずっと勝ち馬になるはずです。「ある時代に勝ち馬だったものが、新顔に取って代わられる」といった事態は説明できません。タレブは、つぎのように指摘しています。

まず、歴史には、「文明の崩壊」という現象があります。1世紀に120万人もいたローマ市の人口は、3世紀には1万2000人になってしまいました。

また、「都市の規模にはランクサイズ・ルールが当てはまる」と言いましたが、いつまでも順位が不変であるとは限りません。19世紀には人口が全米第2位でアメリカの中心都市であったボルチモア（メリーランド州にある都市）は、いまは人口が約60万人の小都市でしかありません。

企業は、ほうっておけば勝手に倒れてしまいます。第5章で見たように、かつてアメリカ第1位の巨大企業であった電信会社のウェスタン・ユニオンは、いまや国際送金の会社でしかなく、それに代わって第1位の地位を獲得した電話会社AT&Tも、自分の子会社に吸収されるような事態に陥りました。ダウ工業株30種平均（ダウ平均）」の構成銘柄のうち、算出が始まった1928年以来現在まで継続して構成銘柄に残っている会社は、ゼネラル・エレクトリック社のみです。2015年3月には、アップルが加わり、AT&Tが外れました。

以上の問題は、本書の第5章の2で強調した、「コアは変化する」という問題です。タレブは指摘します。かつては重要であったものがそうでなくなる。だから、古いデータで判断を続けると、誤る。顧客が変化するかもしれないし、売れ筋商品も変わる。この変化に対応できないと、失敗する。特定の取引相手に依存し続けると、条件が変化したときに、壊滅的な被害に遭います。

また、インターネットの世界で興味深い現象が起きていることも、タレブは指摘しています。検索エンジンのグーグルへの集中のようなことが起きる一方で、交代現象も起きているのです。実際、グーグルが登場する前には、アルタビスタという検索エンジンが検索市場を制覇していました。

自然界で観測されるべき乗則が、マタイ効果で説明できるのかどうかも、はっきりしません。この分野の研究は始まったばかりで、分からないことが多く残されているのです。

第6章のまとめ

1. 世の中の分布は不平等であることが、昔からさまざまな対象について観測されてきました。パレート分布、ジップの法則、ランクサイズ・ルールなどがそれを表しています。

2. それらは一般的に、「べき乗分布」という概念で捉えられます。

3. 世の中には、正規分布が当てはまるものもあれば、べき乗分布が当てはまるものもあります。

4. べき乗分布がもたらされる理由として「マタイ効果」が指摘されています。ただし、べき乗分布のメカニズムは完全に解明されたわけではありません。

第７章

８割の逆襲？
ロングテールとブラック・スワン

◇◇◇◇◇

「ロングテール」や「ブラック・スワン」ということが指摘されます。これを聞いて、「2：8法則はもう古い」と言われることがあります。しかし、それは誤解です。

1　ロングテール：少数派に注力する

テール部分についてどう考えるか？

2：8法則は昔から言われていたものですが、この10年程度の間に、一見するとそれとは異なる考えが指摘されるようになってきました。それは、パレート分布（べき乗分布）の右側に長く続いている部分についてのものです。

パレート分布の例をもう一度見てみましょう。商品を横軸に取り、売上高や売上数を縦軸に取って描くと、その分布は図表7−1のようになります。これは、急速に減衰した後に、なだらかに右側に続く曲線です。

クリス・アンダーソンは、『ロングテール——「売れない商品」を宝の山に変える新戦略』（早川書房、2006年）の中で、このグラフの右のほうを、恐竜の長い尻尾に見立て

図表7−1　パレート分布（べき乗分布）の例

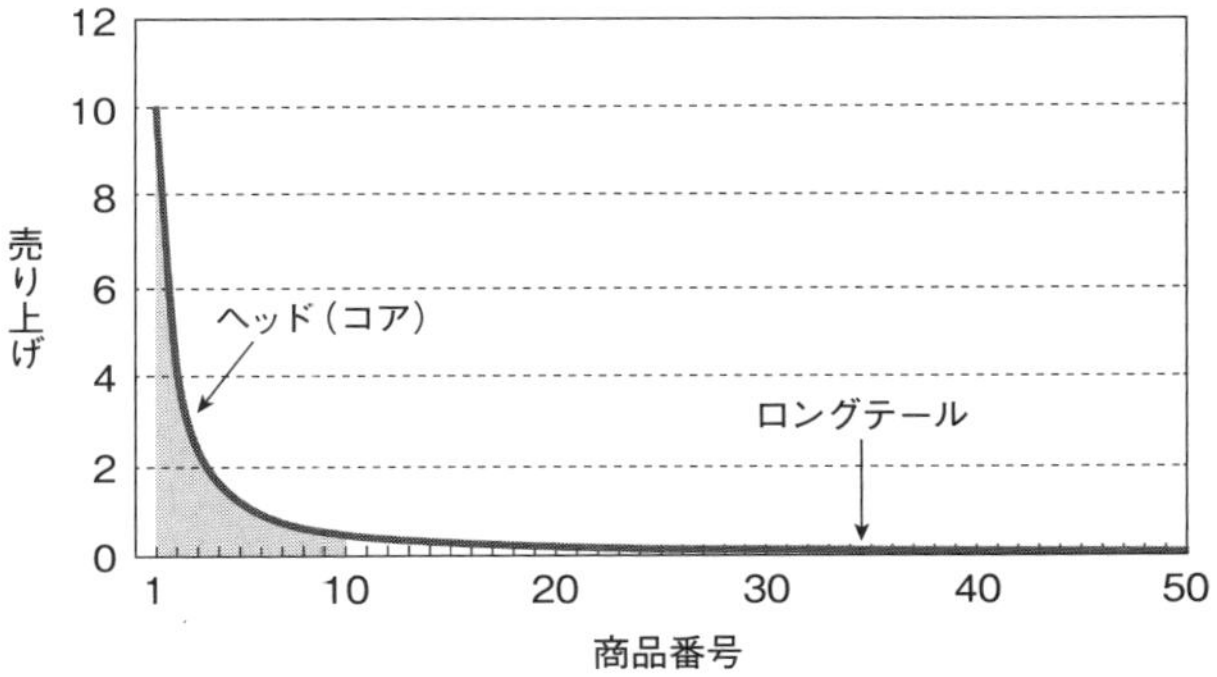

て、「ロングテール」と呼びました。それに対して、本書で「コア」と呼んでいるものを「ヘッド」と呼んでいます。

本書はこれまで、「ヘッド部分に集中すれば、効率が上がる」と述べてきました。それに対してアンダーソンは、「ロングテールを無視してはいけない」と指摘したのです。

似た考えが、その後、ナシーム・ニコラス・タレブによって、『ブラック・スワン——不確実性とリスクの本質』で主張されました。それは、きわめてまれにしか起こらない現象が社会に大きな影響を与えるという指摘です。

現実の世界でも、9・11テロや福島第一原子力発電所事故のような事件が起こり、ロングテールを無視してはならないというアンダーソンやタレブの考えが注目を浴びるようになったのです。

では、2：8法則は、もはや古い考えになってしまったのでしょうか？　本章では、その問題について考えることとします。

あらかじめ結論を要約するならば、「アンダーソンやタレブの指摘は正しいが、それは2：8法則を否定するものではない」ということです。「コアに集中すれば効率が上がる」という命題は、彼らが想定する世界においても正しいものです。

アマゾンのロングテール戦略

アンダーソンがロングテールに注目したのは、インターネットのショッピングサイトで、ロングテールが売り上げに貢献するようになったからです。インターネット上の書店であるアマゾンでは、ごく少数しか売れないために現実の書店には置かれていない書籍が、総販売部数の4分の1を超えるそうです。一年に1冊しか売れないようなマイナーな本が、ベストセラーと同じように売り上げに貢献しているというのです。ニッチ商品がアマゾンの売り上げを押し上げている。しかも、その市場が急速に成長しているというわけです。

セブン－イレブンは、ロングテール商品を捨てる（棚に置かない）ことによってスーパーに勝ってきたと言われます。つまり、コアに重点を置いたのです。それに対してアマゾンは、ロングテール商品を拾う（在庫として揃える）ことによって町の本屋に勝ったと言われます。つまり、コアでない商品を無視していないのです。アマゾンの戦略は、「ロングテール戦略」と呼ぶことができます。

同様のことが、他の分野でも観測されます。オークションサイトのイーベイは、レアな乗用車やカスタマイズされたゴルフクラブなどのニッチ商品、つまりロングテールで成り立っていると言われます。

広告についても同様のことが観測されます。テレビや新聞など従来からあるメディア広告は高価で、そこに広告を出せるのは大企業や大組織に限られていました。ところが、グーグルは、「アドセンス」という広告を始めました。これは、個人のブログなどに広告を載せる方式です（グーグルがブログなどのウェブページの特性を分析し、それにあった広告を選択して送ります）。この方式では、広告コストも安くなります。グーグルの収益源は広告ですが、その大部分は、少数の大企業からのものではなく、きわめて多数の小企業から得られているものなのです。

ロングテール戦略が可能になる条件

ロングテール商法は、2：8法則のアンチテーゼです。それは、間違いありません。

では、これからのビジネスでは、コア重視の考えを捨てて、ロングテール戦略を取るべきなのでしょうか？

そうは言えません。なぜなら、どんな場合にもロングテール戦略を取れるわけではないからです。つぎの諸点に注意する必要があります。

まず第1に、アマゾン型のロングテール戦略がビジネスとして成立するためには、一定の条件が満たされる必要があります。

最も重要なのは、在庫を抱えるコストが低いことです。

通常の商店では、在庫を抱え、それを店頭に展示することにコストがかかります。このため、店頭展示できる商品数が限定されるのです。したがって、第1章で述べたように、「売れ筋商品」に集中せざるを得なくなります。売れない商品を展示すれば、事業を継続できるだけの利益を上げられないでしょう。あるいは、赤字に転落します。

アマゾンがロングテール書籍を扱えるのは、物理的な店舗を持たないからです。現実の書店では、最大でも1万～2万点の書籍しか展示できませんが、アマゾンでは数十万点規模の書籍を取り扱うことができると言われます。しかも、客は来店するわけではないので、倉庫に収納しておいて注文に応じて発送する方式を取れば、コストを抑えられます。

こうして、現実の店舗を構える書店ではとても実現できなかった豊富な品揃えが可能になるのです。

このように、ロングテールは、コストの制約条件が取り払われたところで、初めて可能になります。もう一つ例をあげれば、アップルが運営する音楽配信サイトiTunesでは、在庫管理も必要ないので、数百万の楽曲の取り扱いが可能になりました。

これまでの章では、在庫の維持や商品の展示などにコストがかかることを前提にしていました。ですから、「売れ筋を重視せよ」と言ったのです。そして、事前に何が売れるかを予測し、それに注力すべきだとしました。アンダーソンは、これを「事前フィルター」と呼んでいます。2：8法則のアドバイスは、「事前フィルターで見出して、コアに注力せよ」ということです。

注意すべきは、2：8法則は、ロングテール戦略を取れる場合でも成り立っているということです。アマゾンも、売れ筋の2割を重点的に扱っています。ただし、在庫や展示に要するコストを低くできるので、売れ筋だけに注力しているのではないのです。売れないものを抱えていてもコストはかからないのだから、扱うほうがよいでしょう。この限りでは、アマゾンがロングテール戦略を取るのは、当然のことにすぎません。

個別的要求に応えられるガイドが必要

ただし、現実はもう少し複雑です。なぜなら、ロングテールは、玉石混交状態だからです。書籍やＤＶＤについて、とくにこのことが言えます。

仮に在庫コストや展示コストがゼロであったとしても、何十万種類もの商品がただ並べられているだけであれば、消費者はその中から自分が本当に欲しいものを選択することができないでしょう。

したがって、商品を選択するためのガイドが必要になります。アンダーソンは、これを「事後フィルター」と呼んでいます。

事後フィルターは、これまでもありました。消費者ガイドなどがそれです。しかし、これらは、消費者一般を対象にしたものです。

ところが、商品の点数が増えると、一般向けガイドだけでは不十分です。なぜなら、好みは人によって違うので、ある人にとっては非常に重要だが、他の人にとっては何の価値もない、という場合も多いからです。

従来あった消費者ガイドは、ごく一部の特殊な人たちのマニアックな要求に応えることはできません。例えば、「ロシアのバレリーナ、ベスメルトノアのＤＶＤでいちばんいいのは何か？　ミハイル・フォーキン作の『レ・シルフィード』というバレエのＤＶＤでいちばんいいのはどれか？　それは、商品化されているか？」などというきわめて特殊なリクエストに応えてくれるガイドはありませんでした。

ロングテール戦略を展開するには、右のような特殊な要求をも含めて、個人が求めるものをきわめて多数の商品の中から見つけ出してくれるガイドが必要になります。

アマゾンの「レコメンデーション」

アマゾンが開発した「レコメンデーション（お勧め）」は、こうした目的のためのガイドです。

アマゾンで本を選択すると、「よく一緒に購入されている商品」「この商品を買った人はこんな商品も買っています」というタイトルで、いくつかの書籍が表示されます。これは、当該ユーザーの過去の購買情報などを分析し、購買パターンが似ている他のユーザーとの比較によって、「当該ユーザーが購入していないが購入しそうな商品を勧める」、という仕組みです。「今週のベストセラー」などという一般向けのガイドとは違って、ユーザーごとに個別化された情報が送られてきます（アマゾンのシステムでは、「協調フィルタリング」という手法が用いられています）。

また、アメリカで最大のビデオ・オン・デマンド業者であるNetflix（ネットフリックス）は、アマゾンとは異なる手法を用いた個人向けレコメンデーションを開発しています。これは、さまざまなデータを用いて人工知能システムを学習させ、一人ひとりの好みにあったビデオを見つけ出すことができるシステムです。

このようなサービスを提供できる業者（それは、大企業である場合が多いでしょう）だけが、ロングテール戦略を実行できるのです。

モノの販売やレストランでは、需要急増に対応できない

さらにつぎのような問題もあります。

モノの場合には、急に評判が高まっても、対応できないことが多いのです。例えば、子どものおもちゃである「たまごっち」が、爆発的なブームを起こしたことがあります。しかし、直ちに生産を急増させるわけにはいきません。生産が追いついた頃にはブームは冷めてしまいます。このため、不良在庫が積みあがり、在庫処分を余儀なくされるケースも発生します。

また、レストランなど客席を簡単には増やせないような業種では、何らかの要因で客が急に増えても、おいそれとは対応できません。もし人気が一時的であれば、人気が低下してから後は、過剰設備の重圧に苦しむことになるでしょう。

ロングテールの中に入っていた商品に対する需要がレコメンデーションなどで急増したとき、直ちに対応できるのは、ウェブ配信の音楽や電子書籍などです。

これらウェブコンテンツの場合は、ロングテール効果を最大限に享受することができるでしょう。しかし、物理的な商品ではそうはゆかないのです。

ロングテール商法が最大限に価値を発揮するのは、音楽や映像、そして電子書籍などのディジタルコンテンツの場合です。そして、その商法を実施できるのは、(先に述べたレコメンデーションを提供することができる)アマゾンなどのごく少数の商店です。

一方、コストの制約から逃れることができないそれ以外の商品や商店に対しては、「売れ筋に集中せよ」「2割に注力せよ」というアドバイスが依然として有効であり続けます。

2 ブラック・スワンの出現

黒い白鳥と灰色の白鳥

ナシーム・ニコラス・タレブは、著書『ブラック・スワン』の中で、「滅多に現れないもの、または出現しないと考えられていたものが、社会に大きな影響を与える」と指摘して、大きな反響を呼びました。この考えは、一見したところ、「コアに対応せよ」というこれまで述べてきた考えを否定するように思われます。はたしてそうでしょうか？まず、タレブが「ブラック・スワン」として何を考えているかを見ましょう。彼が例としてあげた事例の筆頭は、２００１年に起きた9・11テロです。それに加え、第1次世界大戦、ヒトラーの台頭、第2次世界大戦、ソ連の崩壊なども、ブラック・スワンの例だとしています。04年にスマトラで起きた大津波のような大災害や、インターネットの発展などの画期的技術もそうだとしています。また、株価の大下落やロシアのデフォルトなどの金融市場の大事件もブラック・スワンだと言います。

リーマンショックと世界金融危機、そして東日本大震災と福島第一原子力発電所事故は、『ブラック・スワン』が書かれた後で起きた事件ですが、これらも「ブラック・スワン」の典型と見なされるでしょう。

タレブによれば、ブラック・スワンは、つぎの3点によって特徴づけられます。

（1）普通は起こらない。つまり、発生確率が非常に低い。

（2）社会に大きな影響を与える。

（3）事前に確率を計算することができない。つまり「驚き効果」がある。

黒い白鳥と灰色の白鳥は本質的に違うものか？

タレブは、つぎのような分類をしています。

（1）月並みの国。不確実な事象は、正規分布で説明される。ここでは、異常なことはめったに起こらない。

（2）果ての国。べき乗分布が支配する。異常（とんでもないこと）が起きて、社会に大きな影響を与える。ここにいるのは、①灰色の白鳥（予測できる）と、②黒い白鳥（予測できない）だ。

ところで、本書が強調している2：8法則は、第6章で述べたように、「べき乗則」が成立することを前提にしています。タレブの言葉で言えば、「果ての国」の現象です。つまり、世界の把握という点において、本書とタレブは同じ立場に立っています。

ですから、当然のことながら、タレブは本書の第6章で述べたパレート分布、ジップの法則などを否定しているわけではありません。飛びぬけた金持ちやスーパースターが出現することは、否定していないのです。

ただし、タレブによれば、これらは「黒い白鳥」ではなく「灰色の白鳥」です。どこが違うかと言えば、「灰色の白鳥」の出現確率は、事前に評価できるということです。タレブは灰色の白鳥を否定しているわけではありません。だから、「コアが分かっているならそれに集中せよ」という命題に、タレブが反対しているわけではないのです。

タレブが強調しているのは、9・11テロのように、事前に予測できず、したがって対応しようのない事件が社会に大きな影響を与え、歴史を動かしていくことです。

私も黒い白鳥が存在することは認めます。実際、第5章で述べたように、電話やインターネットの登場は事前には予測できなかったのですが、それらは、黒い白鳥だと言えるでしょう。

ところで、黒い白鳥と灰色の白鳥の区別は、タレブが言うほど画然としたものではないと私は思います。

大きな技術革新や9・11テロなどは、事前の予測がほぼ不可能だったという意味で、確かに黒い白鳥だったでしょう。

では、福島第一原発事故はどうでしょうか？　多くの人は、これは「想定外」の事故だったと言います。つまり、黒い白鳥の典型例だというのです。しかし、この事故が本当に想定外のものだったかどうかは、大きな議論があるところです。巨大地震の可能性は指摘されていました。「いつかは起こる」と考えられていたことが起きたのですから、予測不可能な事故だったとは言えません。

もちろん、「いつ起こるか」までは正確には予測できません。しかし、それは、タレブが「灰色の白鳥」と呼んでいるものについても同じです。確率が事前に分かっている場合も、「いつ生じるか」は分からない場合が多いのです。

だから、巨大地震に対する適切な対策は、取ろうと思えば取れたはずです（事実、女川原発は、海面よりかなり高い箇所に建設されていたので、津波被害には遭ったものの、事故にはいたりませんでした）。福島第一原発事故は、取るべき対策を取っていなかったために生じたと言うことができるでしょう。

黒い白鳥の出現確率を正確に予測できないのは事実です。しかし、だからと言って「対策が取れない」ということにはなりません。生じた場合の影響が大きい事象については、確率を正確に評価できなくとも、十分な対策を取るべきです。

よくある誤解(1)　縦軸に何を目盛るか？

べき乗分布に従う対象を扱う際に、よくある誤解について述べておきましょう。

第1は、図表1－2や7－1の縦軸に何を目盛るかです。第1章では、売上単価が全商品で同じだと仮定したので、売上数量の分布と売上高の分布は同じになりました。しかし、商品によって単価が異なれば、この2つは同じではありません。

普通われわれは売上数量でなく売上高に関心を持つので、縦軸は売上高にすべきです。

商品単価が異なる場合には、縦軸が売上数量のグラフと売上高のグラフは、異なるものになります。また、利益に関心があるとすれば、縦軸には利益を目盛るべきです。[注1] この場合にも、図は異なるものになります。

自動車部品の場合も、縦軸に取るべきものは、「故障件数」でなく、「故障による損害」であるべきです。このように、縦軸には、一般的には「重要度」を取るべきなのです。

大地震は、発生の確率は低くても、それが生じた場合の被害は甚大です。したがって、こうした表示法を取れば、テールの事故ではなく、コアの事故と見なされることとなるでしょう。これについて、次項で詳述します。

よくある誤解（2）　テールリスクを無視してよいか？

「テールリスク」とは、「滅多に生じないが、生じればきわめて大きな被害をもたらすリスク」のことです。

では、これまで述べてきた「コアに集中せよ」とは、「テールリスクを無視してよい」ということでしょうか？　そうだと考えている人が多いのですが、まったく異なります。

ファイナンス理論は、「テールリスク」の存在を無視していたわけではありません。それどころか、非常に重要と考え、それに対する手段を作り出してきたのです。

この問題は、「縦軸に何を目盛るか」という問題と密接に関連しています。「テールリスク」と呼ばれるのは、縦軸に発生確率を取った分布を考えているからです。そのため、原発事故のような発生確率が非常に低い事故は、分布の右に伸びるテール部分に入ってしまうのです。

しかし、仮に発生確率と被害額の積である「期待被害額」を取れば、重大な原発事故はテールには入りません。これは、「シビアアクシデント」として、つまり「コアの事故」として取り扱う必要があります。

同じように、飛行機事故も重大な事故です。百パーセント回避は不可能としても、多額のコストをかけても防がなければなりません。一般に、死亡事故などの重大な問題を引き起こすリスクは、重視されなければなりません。

ところが、「格付け」というリスク管理手法では、「非常にまれにしか生じない事象」を無視することがあります。これは、「格付け」という方法が理論的に間違っていることを意味しているのです。多くの人は、「格付けはファイナンス理論を応用した科学的方法」

注1　本当は、利益の効用を示すべきです。「効用」は経済学で用いられる概念で、満足度のようなものです。効用は利益の増加に比例しては増加せず、逓減します。

と考えているのですが、それは間違いです。ファイナンス理論の立場から言うと、格付けの方法にはさまざまな問題が指摘されるのです。

理論が問題なのでなく、使い方が問題

また、株価暴落などの金融市場での出来事が黒い白鳥かどうかについても、議論の余地があります。「いつ発生するか」を正確に予測できなくとも、それに対して備えることは不可能ではないからです。

実際、「不確実性がある場合に、集中投資は危ない」「危険を減らすために分散すべし」とは、すでに中世において、イタリアで実施されていたリスクへの対処法です。

タレブは、ポール・サミュエルソンに代表される正統的経済学や、正統的ファイナンス理論に対して、きわめて批判的です。しかし、これらは、タレブが非難するほどいい加減なものではありません。

タレブは、ＬＴＣＭ（ロングターム・キャピタル・マネジメント）の破綻について言及しています。これは、かつてアメリカにあったヘッジファンドで、マイロン・ショールズとロバート・Ｃ・マートンというファイナンス理論のノーベル経済学賞受賞者が加わっていたことから「ドリームチームの運用」と呼ばれていました。[注2] しかし、１９９８年に発生したロ

シアの短期国債の債務不履行をきっかけに、破綻したのです。

これは、理論が間違っていたために生じたと批判されました。しかし、ここには誤解が含まれています。ファイナンス理論は、「異常事態を無視してよい」とは言っていないのです。LTCMの破綻は、ファンドを主宰したジョン・メリウェザーが、理論を無視して無謀な投資をしたためにもたらされたと言われます。

3 「ギャラリー」について考える

ギャラリーの存在は必要

私は、高校時代の友人たちと、メールでの「オンライン常時開催クラス会」をやっています。さまざまな話題についてメールで討論しているのです。

あるとき、私とある友人の間で、議論が起きました。この問題は、2人以外のメンバー

注2　ちなみに、このマートンは第6章の5で述べたマートンの息子です。

には興味がないことだろうと思っていたところ、「発言はしないが、興味があるから続けてくれ」というメールがありました。

この話題について大部分のメンバーは「ギャラリー」であったわけですが、われわれ2人もギャラリーの存在を意識していたという事実に、そのとき気付きました。そして、2人だけのメール交換よりオンラインクラス会が面白い理由はそこにある、ということにも気付きました。ギャラリーは、積極的に討論に参加しなくても、重要な役割を果たしているのです。

ギャラリーが重要な役割を果たしている例は、他にもあります。

バレエでは、普通は主役の2人が重要ですが、見せ場では大勢のギャラリーが舞台の背景にいます。彼らは踊るわけでもなく、ただ立っていたり座っていたりするだけなのですが、彼らがいないと舞台は寂しくなります。華やかな場面にするためには、彼らの存在は不可欠です。例えば、「ドン・キホーテ」というバレエの最終場面は主役2人の踊り（グラン・パ・ド・ドゥ）ですが、背景には数十人のギャラリーがいて、彼らの踊りを見守っています。

第6章の3で見た「働かない働きアリ」は、リリーフ要員としての意味を持っています。しかし、バレエのギャラリーは、リリーフ要員ですらありません。主役がけがをしたときにギャラリーの誰かが代役をつとめることなど、絶対に考えられません。彼らは引き立て役であって、モーターではないのです。それにもかかわらず、必要なのです。

バレエには「ガラ・コンサート」というのがあります。これは、全幕を上演するのではなく、見せ場だけを取り出して上演するものですが、ここではギャラリーはいません。そのため、全幕ものに比べると、華やかさに欠けます。

これまで使った用語で言うと、「ギャラリーは、ノンコアであるにもかかわらず、重要な役割を果たしている」ということです。決して「いてもいなくても同じな人々」ではないのです。

世界は10割で成立している

同様のことが、その他の場面でも観察されます。

例えば、小説で面白い個所は、全体の2割くらいです。しかし、退屈なところも必要です。それを読み飛ばしてしまうと、小説は面白くありません。トルストイの『戦争と平和』は大変長い小説ですが、面白い部分はごく一部で、あとは退屈です。しかし、面白いところだけを拾い読みしても、『戦争と平和』を読んだことにはなりません。

活劇アクションものなどで、最初から最後まで息づまる場面の連続、などというものもあるのですが、読み終えると、「騒がしかった」という印象しか残りません。

英語を覚える場合もそうです。「重要な単語だけを抜き出した単語帳で単語を覚えようとしてもできず、文章を覚える必要がある」と第4章の2で述べました。どんな文章を取り上げても、およそ8割はすでに知っている単語でしょうから、それらを含めて全文を覚えるというのは無駄なような気がするのですが、そうしないと2割に当たる重要単語を覚えることはできないのです。

人体の約7割は水です。しかし、水ばかりでは生きられない。カロリーもタンパク質もビタミンも必要です。

第6章の1で見た「大金持ち」も、「その他大勢」がいるからこそ大金持ちになるのです。それが社会の構造なのです。

第2章で、政治システムは8割の部分を重視すると言いました。それらが重要でないとして切り捨ててしまうと、社会は成立しません。政治が平等を求めるのは、社会の長期的な存続のためには、意味があることなのです。

自然の生物種は、きわめて多数です。驚くほどの種の多様性は、自然界の長期的存在のために不可欠な条件のようです。

それでもやっぱり2：8法則

では、以上で述べたことは、「コアに集中するのは間違い」ということを意味するのでしょうか？

そんなことはありません。右に、「人間の身体は水だけで支えることはできない。カロリーもタンパク質もビタミンも必要だ」と述べました。しかし、「水が最優先」ということに、間違いありません。

無人島に漂着したら、まず何をおいても、水場を探すことから始めなくてはなりません。または、雨水を溜める工夫をすべきです。その他の栄養素を探すのは、水が確保できてから後の課題です。

こんなことは、言われなくても、誰でもそうするでしょう。しかし、現実の仕事や勉強では、その原則を守っていないことが多いのです。簡単なことや片づけやすいことからやる。あるいは、言い訳を優先する。そうした行動を無意識のうちに取っていることが多いのです。それを変える必要があるというのが、本書でこれまで述べてきたことです。

つまり、10割はすべて必要なのではあるけれど、同じように重要ではない。それを忘れてはなりません。ギャラリーは重要だけれど、モーターではない。人々は、主役が誰かを見て、バレエを見にいくかどうかを決めるのです。

世界は10割で成り立っているのだけれど、その中には重要なものと重要でないものがある。それが調和です。

それに、同じものだけを残せば社会は平等になるのかと言えば、そうではありません。第6章の3で紹介したアリの話は示唆に富んでいます。働き者のアリだけの集団を作っても、あるいは怠けの者アリだけの集団を作っても、そこではまた、「一部が働き一部が働かない」という元のコロニーと同じ集団構造が現れるのです。つまり、2：8構造は、フラクタルになっているのです。これは、2：8法則が自然の基本的法則であることを物語っているのでしょう。

第７章のまとめ

1. ITの進歩に伴って、「ロングテール」への対応が可能になりました。ノンコアであっても、扱い次第で重要な収益源になります。しかし、生産、在庫、展示のコストがある限り、コア対応は重要であり続けます。ロングテール戦略を取れるのは、IT分野の大企業が中心です。また、在庫を揃えることができても、消費者の選択能力には限度があり「レコメンデーション」機能を充実させる必要があります。

2. べき乗分布が支配する世界では、ときどき異常なことが起きて、甚大な影響を与えます。それらの中には、確率を評価できるものと、できないものがあります。後者は「ブラック・スワン」と呼ばれます。ただし、確率を正確に評価できなくとも、それに対して適切な対策を取っておくことは必要です。

3. ノンコアは「ギャラリー」と表現することができます。ギャラリーがいなければ、社会は成立しません。ただし、その場合においても、２：８法則は成立します。

【ま行】

【や行】

【ら行】

【わ行】

【さ行】

索引

講談社現代新書　2332

「超《ちょう》」集中法《しゅうちゅうほう》――成功《せいこう》するのは2割《わり》を制《せい》する人《ひと》

二〇一五年九月二〇日第一刷発行　二〇一五年一〇月七日第二刷発行

著者　野口悠紀雄《のぐちゆきお》　© Noguchi Yukio 2015

発行者　鈴木　哲

発行所　株式会社講談社
東京都文京区音羽二丁目一二―二一　郵便番号一一二―八〇〇一

電話　〇三―五三九五―三五二一　編集（現代新書）
〇三―五三九五―四四一五　販売
〇三―五三九五―三六一五　業務

装幀者　中島英樹

印刷所　大日本印刷株式会社

製本所　株式会社大進堂

定価はカバーに表示してあります　Printed in Japan

本書のコピー、スキャン、デジタル化等の無断複製は著作権法上での例外を除き禁じられています。本書を代行業者等の第三者に依頼してスキャンやデジタル化することは、たとえ個人や家庭内の利用でも著作権法違反です。Ⓡ〈日本複製権センター委託出版物〉

複写を希望される場合は、日本複製権センター（電話〇三―三四〇一―二三八二）にご連絡ください。

落丁本・乱丁本は購入書店名を明記のうえ、小社業務あてにお送りください。

送料小社負担にてお取り替えいたします。

なお、この本についてのお問い合わせは、「現代新書」あてにお願いいたします。

N.D.C.002　202p　18cm
ISBN978-4-06-288332-0

「講談社現代新書」の刊行にあたって

教養は万人が身をもって養い創造すべきものであって、一部の専門家の占有物として、ただ一方的に人々の手もとに配布され伝達されうるものではありません。

しかし、不幸にしてわが国の現状では、教養の重要な養いとなるべき書物は、ほとんど講壇からの天下りや単なる解説に終始し、知識技術を真剣に希求する青少年・学生・一般民衆の根本的な疑問や興味は、けっして十分に答えられ、解きほぐされ、手引きされることがありません。万人の内奥から発した真正の教養への芽ばえが、こうして放置され、むなしく滅びさる運命にゆだねられているのです。

このことは、中・高校だけで教育をおわる人々の成長をはばんでいるだけでなく、大学に進んだり、インテリと目されたりする人々の精神力の健康さえもむしばみ、わが国の文化の実質をまことに脆弱なものにしています。単なる博識以上の根強い思索力・判断力、および確かな技術にささえられた教養を必要とする日本の将来にとって、これは真剣に憂慮されなければならない事態であるといわなければなりません。

わたしたちの「講談社現代新書」は、この事態の克服を意図して計画されたものです。これによってわたしたちは、講壇からの天下りでもなく、単なる解説書でもない、もっぱら万人の魂に生ずる初発的かつ根本的な問題をとらえ、掘り起こし、手引きし、しかも最新の知識への展望を万人に確立させる書物を、新しく世の中に送り出したいと念願しています。

わたしたちは、創業以来民衆を対象とする啓蒙の仕事に専心してきた講談社にとって、これこそもっともふさわしい課題であり、伝統ある出版社としての義務でもあると考えているのです。

一九六四年四月　野間省一

経済・ビジネス

350 経済学はむずかしくない〈第2版〉——都留重人
1596 失敗を生かす仕事術 畑村洋太郎
1624 企業を高めるブランド戦略——田中洋
1641 ゼロからわかる経済の基本——野口旭
1656 コーチングの技術——菅原裕子
1695 世界を制した中小企業 黒崎誠
1926 不機嫌な職場——高橋克徳 河合太介 永田稔 渡部幹
1992 経済成長という病——平川克美
1997 日本の雇用——大久保幸夫
2010 日本銀行は信用できるか 岩田規久男
2016 職場は感情で変わる 高橋克徳
2036 決算書はここだけ読め！——前川修満
2061 「いい会社」とは何か 小野泉 古野庸一
2064 決算書はここだけ読め！キャッシュ・フロー計算書編 前川修満
2078 電子マネー革命——伊藤亜紀
2087 財界の正体——川北隆雄
2091 デフレと超円高——岩田規久男
2125 ビジネスマンのための「行動観察」入門 松波晴人
2128 日本経済の奇妙な常識 吉本佳生
2148 経済成長神話の終わり アンドリュー・J・サター 中村起子 訳
2151 勝つための経営——畑村洋太郎 吉川良三
2163 空洞化のウソ——松島大輔
2171 経済学の犯罪——佐伯啓思
2174 二つの「競争」——井上義朗
2178 経済学の思考法——小島寛之
2184 中国共産党の経済政策 柴田聡 長谷川貴弘
2205 日本の景気は賃金が決める 吉本佳生
2218 会社を変える分析の力 河本薫
2229 ビジネスをつくる仕事 小林敬幸
2235 20代のための「キャリア」と「仕事」入門——塩野誠
2236 部長の資格——米田巖
2240 会社を変える会議の力 杉野幹人
2242 孤独な日銀——白川浩道
2252 銀行問題の核心——江上剛 郷原信郎
2261 変わった世界 変わらない日本——野口悠紀雄
2267 「失敗」の経済政策史 川北隆雄
2300 世界に冠たる中小企業 黒崎誠
2303 「タレント」の時代——酒井崇男

政治・社会

1145 冤罪はこうして作られる　小田中聰樹
1201 情報操作のトリック　川上和久
1488 日本の公安警察——青木理
1540 戦争を記憶する——藤原帰一
1742 教育と国家——高橋哲哉
1965 創価学会の研究——玉野和志
1969 若者のための政治マニュアル——山口二郎
1977 天皇陛下の全仕事——山本雅人
1978 思考停止社会——郷原信郎
1985 日米同盟の正体——孫崎享
2053 〈中東〉の考え方——酒井啓子
2059 消費税のカラクリ——斎藤貴男

2068 財政危機と社会保障——鈴木亘
2073 リスクに背を向ける日本人　山岸俊男　メアリー・C・ブリントン
2079 認知症と長寿社会——信濃毎日新聞取材班
2110 原発報道とメディア——武田徹
2112 原発社会からの離脱　宮台真司　飯田哲也
2115 国力とは何か——中野剛志
2117 未曾有と想定外——畑村洋太郎
2123 中国社会の見えない掟　加藤隆則
2130 ケインズとハイエク　松原隆一郎
2135 弱者の居場所がない社会　阿部彩
2138 超高齢社会の基礎知識　鈴木隆雄
2149 不愉快な現実——孫崎享
2152 鉄道と国家——小牟田哲彦

2176 JAL再建の真実——町田徹
2181 日本を滅ぼす消費税増税——菊池英博
2183 死刑と正義——森炎
2186 民法はおもしろい——池田真朗
2197 「反日」中国の真実——加藤隆則
2203 ビッグデータの覇者たち——海部美知
2232 やさしさをまとった殲滅の時代　堀井憲一郎
2246 愛と暴力の戦後とその後——赤坂真理
2247 国際メディア情報戦——高木徹
2276 ジャーナリズムの現場から　大鹿靖明 編著
2294 安倍官邸の正体——田﨑史郎
2295 福島第一原発事故 7つの謎　NHKスペシャル『メルトダウン』取材班
2297 ニッポンの裁判——瀬木比呂志

知的生活のヒント

78 大学でいかに学ぶか　増田四郎
86 愛に生きる——鈴木鎮一
240 生きることと考えること　森有正
297 本はどう読むか——清水幾太郎
327 考える技術・書く技術——板坂元
436 知的生活の方法——渡部昇一
553 創造の方法学——高根正昭
587 文章構成法——樺島忠夫
648 働くということ——黒井千次
722 「知」のソフトウェア——立花隆
1027 「からだ」と「ことば」のレッスン　竹内敏晴
1468 国語のできる子どもを育てる——工藤順一
1485 知の編集術——松岡正剛
1517 悪の対話術——福田和也
1563 悪の恋愛術——福田和也
1620 相手に「伝わる」話し方　池上彰
1627 インタビュー術！——永江朗
1679 子どもに教えたくなる算数　栗田哲也
1684 悪の読書術——福田和也
1865 老いるということ——黒井千次
1940 調べる技術・書く技術——野村進
1979 回復力——畑村洋太郎
1981 日本語論理トレーニング——中井浩一
2003 わかりやすく〈伝える〉技術——池上彰
2021 新版　大学生のためのレポート・論文術——小笠原喜康
2027 地アタマを鍛える知的勉強法——齋藤孝
2046 大学生のための知的勉強術——松野弘
2054 〈わかりやすさ〉の勉強法——池上彰
2083 人を動かす文章術——齋藤孝
2103 アイデアを形にして伝える技術——原尻淳一
2124 デザインの教科書——柏木博
2147 新・学問のススメ——石弘光
2165 エンディングノートのすすめ——本田桂子
2187 ウェブでの〈伝わる〉文章の書き方——岡本真
2188 学び続ける力——池上彰
2198 自分を愛する力——乙武洋匡
2201 野心のすすめ——林真理子
2298 試験に受かる「技術」——吉田たかよし